DECIPHERING SCIENCE SERIES
破译科学系列

王志艳◎编著

U0628517

未破解的
古文明之谜

科学是永无止境的
它是个永恒之谜
科学的真理源自不懈的探索与追求
只有努力找出真相，才能还原科学本身

延边大学出版社

图书在版编目（CIP）数据

未破解的古文明之谜 ／ 王志艳编著．—延吉：延
边大学出版社，2012.6（2021.6 重印）
（破译科学系列）
ISBN 978-7-5634-4855-5

Ⅰ．①未… Ⅱ．①王… Ⅲ．①世界史－古代史－文化
史－青年读物 Ⅳ．① K12-49

中国版本图书馆 CIP 数据核字（2012）第 115141 号

未破解的古文明之谜

编　　著：王志艳
责任编辑：李东哲
封面设计：映像视觉
出版发行：延边大学出版社
社　　址：吉林省延吉市公园路 977 号 邮编：133002
电　　话：0433-2732435 传真：0433-2732434
网　　址：http://www.ydcbs.com
印　　刷：永清县晔盛亚胶印有限公司
开　　本：16K 165×230 毫米
印　　张：12 印张
字　　数：200 千字
版　　次：2012 年 6 月第 1 版
印　　次：2021 年 6 月第 3 次印刷
书　　号：ISBN 978-7-5634-4855-5
定　　价：38.00 元

　　人类的四大文明发源地，始终是人们探究人类起源及发展的研究对象。自从第一个非洲古猿站起身的时候，人类开始踏出了他发展的第一步。几百万年弹指一挥间，今天，我们知道人类的发展充满了艰辛和挣扎，但其间的无数奇迹与秘密，却永远无从知晓。

　　在人类发展的每一阶段，都有各式各样的文明相伴。但是，在我们探索人类发展历程中的过程中，那些曾经存在的但又消失的各种人类文明，却是一个个不解的话题，吸引着我们不断地去探究、去考证：亚特兰蒂斯文明究竟是否真的存在过？它的位置又在哪里？那些曾经繁荣一时的城市——庞贝、巴比伦、佩特拉等城市如何消失的？它们究竟遭受了怎样的厄运？曾经统治过北中国的契丹人，他们建立的帝国曾盛极一时，后来为什么神秘消失了？他们的后裔现今流落何处？……几万年前的辉煌岩画、两河流域的第一道曙光、爱琴海畔智者的辩论、黄河流域的辛勤耕耘……我们一路走来，身后的文明如璀璨珍珠，被时间的线条串起，构成了这个蔚蓝星球上最伟大的一幅风景。

　　为了使广大青少年朋友更好地了解人类历史和人类社会的发展，本书发掘和整理了大千世界中神秘而充满悬疑的那些疑团，探究它们背后鲜为人知的故事。对我们的文明了解愈深，也就对文明本身愈加敬畏。希望青少年朋友通过对本书的阅读，拓展视野，开启心智，在思考和探索学习。

　　本书在编写过程中，参考了大量相关著述，在此谨致诚挚谢意。对书中存在的纰漏和不成熟之处，恳请各界人士予以批评指正，以利再版时修正。

目录
CONTENTS

半坡文化突然消失之谜

半坡遗址位于西安东郊半坡村，坐落在浐河东岸二级台地上，占地面积约50000平方米。6000年前的半坡先民在这块山川秀丽的土地上披荆斩棘繁衍生息，从蛮荒走向文明，用勤劳和智慧创造了光辉灿烂的原始文化。

今天的半坡遗址大致形状为一个南北稍长、东

△ 半坡遗址出土的彩陶盘

西略短的不规则椭圆形，分为大围沟围绕的居住区、围沟以北的氏族公共墓地和以东的制陶区三部分。在发掘的大约10000平方米范围内发现和出土了丰富的遗迹和大量的遗物，向我们生动地展现了6000多年前处于母系氏族社会繁荣时期的半坡先民们的生产与生活情景。

种种迹象表明，这个原始村庄的安宁和平静，似乎能看到人们正在使用当时的生产工具劳作，可是这个村庄的村民为何会突然消失呢？是什么原因促使他们突然放弃了这个地方？甚至连工具、粮食都没有来得及拿走。到底是因为战争，洪水，灾疫，地震，宗教恐怖，还是另有原因？

从今天的遗迹来看，这些可能性都存在，却又都难以自圆其说。只能作为一个未解之谜等待后人去解开了！

河源神秘"天书"石上究竟写了些什么

广东河源市新丰江水库畔桂山箩坑山涧中发现了一块巨石，这块巨石高约4米、宽约9米，让人们惊奇的不是巨石的大，而是上面刻着的上千个环形符号。

这块神秘巨石是在新丰江水库畔开发为旅游景点的过程中发现的。几个工人来到山涧一个长满五六米高的野山蕉的较为开阔的地带作业，当他们斩去杂藤，砍掉野山蕉时，他们被眼前的发现惊呆了：野山蕉下原来藏着一块巨石，它从地底立起，形状像帽子，中间略高一些。巨石上面迎水的一面由于涧水冲刷的原因显得较为平坦，形状就像一块平台。背水的一面则凹凸不平，极不规则。在巨石的各个面上都刻有环状的符号，其中迎水的一面符号较少。这些符号多呈椭圆形，中部凸起，也有少数中部凹下，边线刻痕深的多达0.5厘米以上，宽约0.2厘米，线条流畅圆润，应当是人工雕刻所致，有些符号则因流水冲刷日久而显得不太清晰。这些圆环大的直径达10厘米以上，小的也有2厘米，单独的形状像地衣，成双或多个相叠的大多是横向排列，形状像云涡，有几处圆环排列十分整齐形成一片，有如文字，其中在下侧一处的符号群特别像古篆书。

当时正是枯水期，涧水从巨石两侧冲刷而下，巨石的上下两方大大小小的乱石纵横密布状如拱卫，但人们仔细观察后发现，其他石头上并没有特别的符号。这块巨石就更显得神秘了。

人们面对这一堆大大小小的符号感到神秘莫测，于是戏称其为"天书"。专家鉴定后，认为巨石上的这些符号很可能是图腾。虽然不能解读其意思，但是基本能确定其中大部分圆环形符号所代表的正是太阳、月亮、星星等，另有一些连在一起的符号则很像蒙古文字。刻画痕迹比较明显。专家

△ 河源"天书"石

推断，这可能是远古时代的南方土著古越人的图腾符号。而这块巨石上部的平台可能就是他们祭祀、聚会、举行庆典的场所。

但是，这只是专家的推测，至于巨石上的符号到底是什么意思，是什么人写上去的，是用来干什么的？目前还没有定论。

东巴文之谜

　　在东巴文纪念馆，银须飘然的老东巴学者解释："东巴文可能是远古时期纳西族人在劳动生活中集体创造的，有一个较长的形成发展过程，由于这种文字只是在上层和少数人中传承，且传男不传女，带有较大的神秘色彩。也许因为神秘，就世世代代传下来了。当然，这只是一种推断。"他说："有确切年代的是东巴纸的发明，那是公元618年唐代时期，人们发明了用原始森林的树皮造东巴纸，这种纸坚厚、防虫，可保存千年以上，使东巴文的书写和保存有了根本改观。这以前，大多是把东巴文刻在石上、写在兽皮或木板上。"据统计，东巴文有1500左右个字符，每个字代表三种意思。此文大多是根据人们社会生活和自然景观，描画的象形图文，诸如飞禽走兽、花草鱼虫和人的生活、姿势等，也有个别和象形距离较大的专用符号。书写东巴文是用竹片削成的类似刀片的专用笔，蘸上一种专用的黑墨，如画画一样在东巴纸上细心勾勒。

　　过去的千余年间，由于东巴文稀奇古怪、书写困难、传承神秘，再加上纳西族居于高原密林，人口很少，使这种文字一直遭到主流社会的排斥，被污为"牛头马面"、"蛮野之作"。据说有一位叫和文裕的纳西族才子，既精通汉文，又精通东巴文，并考取了秀才。后来，当地的儒学官员听说他钟情和书写东巴文，认为有伤大雅，竟取消了他的秀才功名。种种困难和限制，使东巴文十分艰难却又极其顽强地在纳西族中传承着。

　　东巴文是世界上唯一还在使用的象形文字。

　　1922年，美国地理学家洛克到丽江一带考察，他被这里的秀美景色，雄山丽水，奇特文化所深深陶醉，一待就是27年，几乎走遍丽江上下的所有地方，拍摄了大量的珍贵图片，撰写发表了近千篇文章，出版了多部专著，在西方世界引起了轰动。英国作家詹姆斯·希尔顿以洛克的图片、文章为素材创作了世界名著《失去的地平线》，至今仍脍炙人口。洛克十分赞叹东巴文，他说这里有一种像图画又像文字，像文字又像图画的象形文字，这种

△ 东巴文字

像天书似的象形文字，至今仍存活在土人中，它不像古埃及的象形文字，早已湮没在历史之中，成了不被人识读的文字。他认为正是改革开放的春风，吹醒了高原古城丽江，也吹醒了近于湮灭的东巴文。丽江成为著名的世界文化遗产，每年吸引游客就有几百万之多。东巴文成为世界唯一存活的象形文字，引起了国内外的关注，令许多人新奇。它从深宅大院走向了古城的四面八方，几乎所有的旅游品都标上了东巴文；所有的显著标志，都有东巴文在装点；就连那古香古色的垃圾筒也醒目地标着东巴文。著名的东巴文大师和即贵，系统地整理和抢救了东巴文，并被邀请到世界上30多个国家访问与讲学，他与班禅等著名的宗教和政界、文化界人物有着密切的联系，曾受到挪威国王的亲切接见。时下学习和书写东巴文的，既有那些世代传袭的老东巴，又有许多沐浴现代文明的年轻人。

东巴文在这里是文字，又是文物、书法、绘画或纪念品，还是一种时尚……她以自己特有的魅力绽放着迷人的异彩。

尼雅文明消亡探秘

20世纪初，在我国西北部塔克拉玛干大沙漠边缘的尼雅地区，英国探险家斯坦因发现了一座古城。古城遗址规模庞大，东西宽约7公里，南北长约26公里，许多城墙、房舍、街道、佛塔的轮廓依然保存得相当完好，其磅礴的气势堪与著名的古罗马庞贝城相媲美。更令人惊讶的是，从这里挖掘出大量珍贵文物，有很多是书写了奇怪符号的木简。这些发现立刻使尼雅在一夜间轰动了世界，那些奇怪的符号是文字吗？如果是的话，写的又是什么呢？为什么在这片沙漠上会出现具有如此高度文明的古城，这座古城是如何从历史上消失的？

在尼雅考古发掘中发现的奇怪木简符号，经专家考证是一种叫窣卢文的文字。这是一种早已消失的文字，起源于公元前4世纪的印度西北部，公元前3世纪印度孔雀王朝的阿育王朝代使用的就是此种文字。公元2至4世纪曾流行于新疆楼兰、和田一带，而此时在印度随着贵霜王朝的灭亡，窣卢文也随之消失了，并且距今已经绝迹了1600多年，当今世上只有极少数专门的研究者能读懂它。对于窣卢文为何能在异国他乡流行起来至今还没有非常合理的解释。不过这似乎并不重要，重要的是木简上的窣卢文写的都是些什么内容呢？

通过解读它们发现，木简内容也许揭示的是尼雅为什么消亡。因为其表述的多是各种命令，如"有来自某国人进攻的危险……军队必须上战场，不管还剩有多少士兵……""现有人带来关于某国人进攻的重要情报"；"某国人之威胁令人十分担忧，我们将对城内居民进行清查"。这些文字字体是弯曲形的，没有标点，字与字之间无间隔，给解读带来了困难。但从一些零星的文字中我们可知，尼雅王国受到了某个王国的威胁，而且该国力量异常强大，尼雅几乎无力抵抗，只有忐忑不安地等待着悲惨的命运。因此，尼雅的消失是不是跟那个令尼雅害怕的王国有关呢？

新疆一带古时又称西域，公元前后有诸多小王国，当时都臣服于强大的汉王朝。尼雅遗址属于当时某个

△ 尼雅遗址

小王国这是毫无疑问的，但又是哪个小王国呢？有人认为是史籍中记载的精绝国。精绝国位于昆仑山下，塔克拉玛干大沙漠南方边缘，与今天的尼雅遗址十分接近，而且精绝国的消失也是发生在公元2、3世纪，与尼雅王国的消失时间重合。不过当时的精绝国可不是滚滚黄沙，而是气候宜人、水草丰茂的一片绿洲。公元2、3世纪，中原处于东汉末年和三国两晋的纷争中，无暇他顾。致使西域诸多势力较强的王国没有顾忌，也掀起了兼并弱小王国的战争，木简上的窣卢文就记载了尼雅的恐惧。无情的战火殃及尼雅，伟大的文明淹没在血腥的厮杀中。

另一种说法是，尼雅被毁是尼雅人自己造成的。从遗址及所发现的文物可以看出，当年的古城盛极一时。清澈的尼雅河从城郊缓缓流过，众多水道交织，大小湖泊星罗棋布，周边茂密的林木将遥远的大沙漠隔离。但尼雅人的活动却不断地对环境造成了破坏，特别是在1700多年前，粗放的生产方式，人口的增加破坏了植被，再加上大肆砍伐树木，致使水源枯竭，塔克拉玛干大沙漠最终把尼雅吞噬。现在的尼雅遗址中房屋建筑被厚厚的黄土掩埋，只露出一些残垣断壁，到处是破碎的陶器，累累的残骨，还有一些干尸也常常暴露在废墟中。要是当年富庶的尼雅人能看到今天的破败景象，也许他们就会珍惜那片神赐的绿洲。

良渚文化出土众多玉器之谜

　　良渚文化是我国长江下游太湖流域的一支重要的古文化，因1936年原西湖博物馆施昕更先生首先发现于余杭市良渚镇而命名，距今约5300~4000年。

　　经过半个多世纪的考古调查和发掘，初步查明在余杭市良渚、安溪、瓶窑3个镇地域内，分布着以莫角山遗址为核心的50余处良渚文化遗址，有村落、墓地、祭坛等各种遗存，内涵丰富、范围广阔、遗址密集。20世纪80年代以来，随着反山、瑶山、汇观山等高台土冢与祭坛遗址的相复合，以大量殉葬精美玉礼器为特征的显贵者专用墓地的被发现，以及莫角山大型建筑基址的被发现，良渚遗址已成为实证中华五千多年文明史的最具规模和水平的地区之一，并将成为东方文明的圣地。

　　良渚文化最著名、最有特色的就属它的玉文化了，这是中国玉文化的源头，并且一开始就显现出不凡的艺术魅力。良渚文化为何在五千年前就有如此出众的玉文化呢？先民们为何要雕琢那么多玉器，又是如何雕琢的呢？

　　有一种说法是，良渚玉器的大量产生是因为装饰、美化生活的需要。

　　中国玉文化源远流长，玉在人们心目中有着崇高的地位。玉，一般晶莹剔透，即使有少量瑕疵，也是"瑕不掩瑜"，其石料很稀有，因此也非常珍贵。玉石还不能称为"玉"，只有经过匠师的精心雕琢，才能成为具有各种内涵的玉器，正所谓"玉不琢，不成器"。玉有太多美好的品质，因此人们往往把具有高洁品质的人和玉相联系。东周和春秋战国时期，贵族、士大夫佩挂玉饰，以标榜自己是有"德"的仁人君子。"君子无故，玉不去身。"君子必配玉，玉只可配君子。汉许慎在《说文解字》中说："玉，石之美兼五德者。"所谓五德，首先指玉的5个特性，即坚韧的质地、晶润的光泽、绚丽的色彩、致密而透明的组织、舒扬致远的声音。然后用这5个特性来形容人的五个美德：仁、义、礼、智、信。

装饰生活、美化自己是人的天性，远在9000多年前，生产水平极端低下的山顶洞人，在闲时也不忘磨制骨器、石头制作项链等装饰品。7000年前鱼米之乡河姆渡的先民也是如此，在选石制器的过程中，有意识地把拣到的美石制成装饰品，打扮自己，这就揭开了中国玉文化的序幕。在距今四五千年前

△ 良渚文化玉龙

的新石器时代中晚期，辽河流域、黄河上下、长江南北中国玉文化的曙光到处闪耀。而最为著名的便是良渚文化出土的玉器。良渚文化玉器的种类较多，典型的有玉琮、玉璧、玉钺、三叉形玉器及成串玉项饰等类型。这些玉器都造型精致，刻有各式图案，有很强的装饰作用，特别是成串的玉项饰。所以说良渚文化出现如此多优美的玉器，是因为装饰生活的原因不无道理。

另一种说法是：良渚玉器大量产生，不仅仅是装饰，而是有更深的文化内涵。把玉作为装饰品反而是更后的事情了。此说的证据是从良渚玉器本身的情况来说的。

良渚玉器以体大著称，显得深沉严谨，不是很适合随身佩戴的装饰，并且当时生产力并不发达，是否会产生这样的需求还值得商榷。

良渚玉器最明显的特色是形式多样、数量众多。良渚玉琮系软玉雕琢而成，从外观看呈外方内圆、上大下小形，每个面的转角上有半个兽面，与其相邻侧面转角上的半个兽面组成一个完整的兽面。这些物品充满神秘气息，现在看来其形状和图案也是令人惊异的，隐隐透出一股凉气。这些玉琮的用途应该与宗教祭祀、财富权力有关。战国《周礼》书中曾有"苍璧礼天"、"黄琮礼地"之说法。东汉郑玄注"璧圆像天，琮八方像地"，都说明玉琮与对鬼神的崇拜相关。

因此他们认为良渚玉器是用于祭祀的神器，其更深的文化内涵是对鬼神的敬畏，由此衍生出"玉"被作为权力的象征。这一点从后来"玉"的地位可以得到反证。"玉"不仅仅作为装饰、作为美好品质的象征，在中国文化上从一开始就更多的是作为具有神圣地位的、能显示权力的神器。

△ 良渚文化玉琮

长江中下游一直就有浓厚的巫术气息，可能就是从此地久远的人类文明——良渚文化继承而来的。有人认为，良渚文化就是以"蚩尤"为首领的部落的文化。据考证：良渚文化时期已经有初步的政权，可以称为良渚古国。后被中原炎黄部落为首的青铜文化所打败，共同汇入中华文明之中。从历史上看，良渚文化时代的玉文化不仅没有随良渚文化的衰亡而消失，反而被后来的夏、商、周三代王朝全面继承下来，成为古代中华文明最具特色的内容。夏、商、周三代从良渚文化继承的玉文化，包括一些具体的礼器，如象征王权和军事统帅权的玉钺，祭祀天地的玉琮、玉璧、玉圭、玉璜等；甚至连玉琮上那个表征良渚文化宗教信仰系统的神人兽面纹，都被夏、商、周王朝全面继承下来，成为三代礼乐文明的重要内涵。

良渚文化是神秘而又辉煌的。其为何有如此多的玉器呢？主要是因为装饰，还是因为祭祀尚不能明确，不过良渚玉器形制奇特，肯定包含着先民神秘的思维。

联结中日的 "稻米之路" 在哪里

日本学术界普遍认为：日本的稻作农业系由中国传入，这也是中国史学界公认的事实。但在探索日本的 "稻米之路" 由什么地方传入时？却存在着很大的分歧。归纳起来，主要有华北传入说、华中传入说和华南传入说等路线。

先谈华南路线：这一传播路线又称 "南路"，主要是指从中国的华南地区，经由台湾传至琉球群岛，然后进入日本南九州，再扩展到内地。系日本柳田国勇教授在其《海上之路》中率先提出，后来的金关丈夫、国分直一、佐佐木高明、渡部忠世等先生也提出南岛式耨耕文化由此北上传入日本的假说（《农业考古》1989年第2期）。但此说直到1989年我国农业考古专家陈文华教授进一步肯定强调后，才引起人们的关注。陈氏认为："只要翻开地图一看，琉球群岛的大小岛屿一列摆开，成了台湾和日本九州岛之间的天然跳板……福建和台湾都已发现3000多年前到4000年前左右的稻谷遗存，既然早在3000~4000年前稻谷已经越海传到台湾，那么就完全有可能在3000年前从这条路线传入日本。"陈教授继续从语言学、民俗学、宗教信仰及照叶树叶文化等角度进行了全面的论证，说明这一条传播路线对日本古文化的影响（《农业考古》1989年第2期）。

再谈华中路线：又称 "中路"，主要是指由长江下游直接渡海东传入日本的九州（同时也传入朝鲜南）；也有的说从长江口先到朝鲜南，再到九州。这条 "稻米之路" 由于以浙江河姆渡为主的长江下游众多史前稻谷遗存和日本佐贺吉野个里大型聚落遗址的发现，而引起了中日学者的高度重视。此说为我国安志敏先生最先提出，安氏1983年出席在日本举办的国际学术会议上，主张 "以河姆渡及其后续者为代表的长江下游的新石器文化的若干因素，也可能影响到史前日本。如绳文时代的玉玦、漆器，以及稻作的萌芽，弥生时代及其以后的干栏式建筑，都可从长江下游找到渊源关系。河姆渡遗址发现木桨和陶船模型，同时沿海的舟山群岛也有同类遗址分布，至少证实当时具有一定的航海能力"（《考古》1984年第5期）。安说引起了日本考古学界对稻作农耕等可能是直接由海路输入日本的浓厚兴趣，许多报纸纷纷以日中交流可提早到公元前5000年为题进行报道。后来，周南泉先生也从中日发现的玉玦作对比研究，认为从河姆渡到良渚文化之间，有一支"江南人"曾从海路迁到了日本（《考古与文物》1985年第5期）。游修龄教授支持了安志敏的观点，并引用日本学者收集的亚洲不同地区的766个水稻品种，分析其酯酶同功酶的酶谱变异范围和"地理渐变"的特点，认为日本的水稻品种可能由中国的长江口传至日本（《中国农史》1986年第1期）。

1989~1990年，安志敏先生又先后发表文章，分别从中日两地的稻作农耕、木农具、干栏式建筑、玦状耳饰、漆器、木屐、鬲形土器、印纹土器、海流、交通、环壕聚落、坟丘墓、瓮棺葬等方面来加以论述，阐明日本弥生文化与江南文化的渊源关系（《考古》1990年第4期；《东南文化》1990年第5期）。王心喜则断言，"水稻只能从江南地区由海路输入日本，除此别无他路"，"古代中日之间的海路交通，从河姆渡文化和绳文文化时代起就已经开始了"（《海交史研究》1987年第2期）。日本为此成立了东亚文化交流史研究会，先后派出以西口隆康、渡部忠世、福永光司、菅谷文则、金关恕、内藤大典等学者为主的江南学术考察团，奔赴河姆渡等江南地区实地调查，有学者纷纷肯定华中路线确是传入日本的"稻米之路"。

最后谈华北路线：此路线又称"北路"，所指即由陆路（河北、辽宁）或海路（山东）经朝鲜半岛传入日本。1989年，严文明教授曾从山东半岛、辽东半岛、朝鲜半岛和日本九州的生态环境、稻谷的地域分布和年代序列，尤其是山东栖霞杨家圈和朝鲜、日本出土的稻谷品种均属粳稻分析，提出传入日本的稻米之路，"最大的可能是从长江下游→山东半岛→辽东半岛→朝鲜半岛→日本九州再到本州这样一条以陆路为主，兼有短程海路的弧形路线，以接力棒的方式传播过去的"。陈文华教授也认为，"如果从地理位置来看，在造船和航海技术极不发达远古时代的先民们，最早知道浩瀚的大海对岸有一个日本岛，并且能与之交往的恐怕还是活跃在华北和华南沿海一带的人们。尤其是从华北经陆路到朝鲜南端过对马海峡到达日本北九州，在当时是一条最方便也最安全，因而也是来往最频繁的路线"（以上均见《农业考古》1989年第2期）。

林华东先生认为华南路线的开辟较迟，琉球群岛早先传承的是渔捞经济方式，稻作农业出现很晚，因之作为传入日本的稻米之路不能成立。安志敏等先生主张的华中路线也缺乏令人信服的实据。诸如玉玦，在辽宁省阜新查海属红山文化的遗址中，曾有距今7000~8000年前的玉玦出土，可见玉玦并非江南地区专有，也非江南地区出现最早。尽管河姆渡有6000~7000年前的古老漆器发现，但日本的漆器最早仅见于绳文文化晚期（公元前870—300年），两地相差3000多年的空当如何解释？何况至迟在夏商之时，黄河中下游地区的漆器就已盛行，故漆器也不能作为华中路线的证据。就航海能力而言，河姆渡及至良渚文化均属独木舟形式，难以远航日本。日本的干栏式建筑，同河姆渡之间也有数千年的年代距离，表现的只有文化的类似性。例如日本的环壕聚落、木农具、木屐、坟丘墓等同我国的江南文化所见均形似而实异。

林氏通过考古新发现并结合文献典籍广征博引，认为史前之时山东半岛与长江下游的先民早已有了文化交往。同时，又从朝鲜半岛和日本九州发现的稻谷，以及凹槽形有段石锛与人工头部变形、拔牙、文身、性嗜酒等习俗剖析，主张联结中、日的"稻米之路"，应是：长江下游→山东半岛→朝鲜半岛→日本九州（《中国稻作农业的起源与东传日本》，日本第30回埋藏文化研究集会论文，1991年8月于福冈）。

不可思议的太阳门之谜

蒂亚瓦纳科文化是公元5世纪到10世纪之间影响今天秘鲁全境的重要文化，这一文化的象征太阳门，由重达百吨以上的整块巨石雕刻而成，高3米多，宽近4米，中间是一个门洞，门楣中央刻有一个人形浅浮雕，头部放射出许多道光线，双手各持着护杖，两旁平列着三排48个较小生动的形象，上下两排是带有翅膀的勇士，中间一排是人格化的飞禽，整个浮雕展现了一个深奥复杂的神话世界。据说，每年9月21日黎明的第一道曙光，总是准确无误地射入门中央。印加人创造这一文化的时代，还没有使用轮子的运输工具和负重的牲畜，能造出太阳门这样宏伟的建筑确实令人不可思议。关于太阳门的建造，当地有两种传说：一种传说是，一双看不见的手在一夜之间造起了太阳门；另一种传说是，太阳门周围的雕像原是当地的居民，后被一个外来朝圣者变成了石头。

为了弄清蒂亚瓦纳科文化的秘密，一位美国考古学家经过科学考证认为，太阳门等建筑在公元1000年前建成，这里原是宗教圣地，朝圣的人们跋山涉水去那里举行朝拜仪式，并在朝拜时带来了建筑材料，建筑了太阳门等宏伟建筑。但无法解释的问题是，以当时落后的生产力水平，把上百吨重的巨石从5公里外的采石场拖到指定地点，至少需要26000多人的庞大运输队伍，而这些人的食宿问题要有一个大型的城市来解决，而当时是绝对没有的。据此有人提出，是不是用船在湖上把石料运来的？据考证，当年附近是有湖的，但即使这一说法成立，那运石所需要的驳船则要比几个世纪后侵入到这里的殖民主义者的船还要大好几倍，这简直就是不可想象的事情。

由于对太阳门的建造争来论去总无定论，因此也不时有人提出一些异想天开的说法，例如有人就提出太阳门是外星人造的一扇通往外星的门。

奥尔梅克头颅巨雕之谜

1939年，一支考古队走进了墨西哥西部的沼泽地，在一片古木参天的丛林之中，发现了一批奇特的巨石人头像。

所有的人头像都由整块的玄武岩巨石雕琢而成，只有头颅，没有身躯。虽是经历了漫长岁月的剥蚀，它们仍然眉目清晰，表情肃穆，显示出一副凛然不可侵犯的样子。其体积之巨大，形象之生动奇特，雕刻技巧之精湛圆熟，都令人叹为观止。

其中最大的人头像，高达3.3米，头围周长达7.5米，重量达30吨以上。

是谁雕琢了它们，为什么雕琢它们，最后又为什么把它们抛置在这块沼泽之地，丛林荒野？

据考古学家鉴定：它们是古代奥尔梅克人的作品。

大约从公元前13—14世纪开始，奥尔梅克人生活在墨西哥湾南部一带，他们留下了许多生活的踪迹：宏伟的金字塔，奇特的墓室，精巧繁复的排水设施，以及精湛绝伦的大大小小的人头雕像。使人感到非常奇怪的是：他们的文化到公元前1世纪时突然终止。

没有人知道他们从何而来，它们的文化源头是什么？也没有人知道他们向何而去？一个留下了辉煌业绩的民族或者部族，居然在转瞬之间消失得无影无踪，这使得几千年以后的研究者不能不感到惊诧莫名。

尽管他们的建筑技术、石雕技术、天文、历法都得到了玛雅人的部分继承，但一般认为：玛雅人不是他们的直接后裔。

奥尔梅克人的文化似乎发展到了相当高的程度，但还没有发展到能够熔炼金属、使用金属制品的程度。石头是他们用于雕刻创作的唯一工具。

没有金属工具的奥尔梅克人，居然能在坚硬的玄武岩上游龙走凤，挥洒

△ 奥尔梅克石头像

自如，这不能不说是一个奇迹。

尤其令人奇怪的是，这片沼泽地四周很少有石头，用于雕琢石像的大型玄武石更是罕见，需要在50公里之外的火山石场开采。这样巨大的石料是怎么运来的？当时，既无运输机械，又无装吊设备，甚至也没有最原始的车辆，也不会使用牲畜，仅凭着他们的热情，智慧和带着原始野性的力，还要穿过森林，跨过河流，爬过山丘，涉过沼泽……有这个可能吗？

有人说，他们可以使用滚木，把巨石架在滚木上滚运到这里。丛林处处参天大树，用作滚木的材料是取之不尽的，但是，道路在哪里呢？

石像出土地的周遭是沼泽，根本就没有平坦的道路，荆棘丛生，怪石嶙峋，山路崎岖，遍地泥泞，即使他们想劈山填路，披荆斩棘，有这样多的人力吗？处于原始石器时代生产力异常低下的条件下，他们有支持这样浩繁的非生产性消耗的经济基础吗？

奥尔梅克人为什么要把这巨大的头像运送到这一片沼泽地来，这也是个难解之谜。

这里是政治中心吗？不是。这里是经济中心吗？也不是。唯一的可能是，这里曾经是宗教中心。因为，巨形人头或多或少会给后人提供一些宗教思考。

但是，中美洲地处热带雨林，全境都是低洼的沼泽，遍布着浓密的、人类几乎无法进入的原始森林。河流纵横交错，洪水时时泛滥。即使是当今的人类，想在这里求得生存和发展，也决非易事。奥尔梅克人为什么要把这样一个"居之不易"的地方，选定为"心灵的圣地"，并在这里创造出了使后世子孙惊诧莫名的宏伟作品呢？

3000年前的原始宗教，有这样强大的动力吗。如此艰难的生存环境，能孕育出如此精湛的工艺水平吗？

人头像的造型，栩栩如生，面貌各异。这些原始的雕刻家在创作时不可能没有蓝本或者原型。

探索人物原型，使研究者堕入五里雾中，百思不得其解。

你瞧，这一座雕像，方阔的脸盘，扁平的鼻子，突出的眼球，过大的鼻孔，具有典型的蒙古人种的五官特征。其中一组全身石像，"长头而寡发"，从面容到服饰，都与我国典籍记载中的殷商时代的人物类似。据此，人们认为，亚洲人很早就跨过白令海峡，到达了美洲，奥尔梅克人和玛雅人，都有可能是古代亚裔人的后代。

但是，另一座石雕则是：肥厚的嘴唇，整齐的牙齿，方硕的头颅，圆圆的前额，是一个在五官上描绘得颇为精确的"真实的"黑人——黑人？怎么可能？难道他们在哥伦布之前两三千年，就劈波斩浪，跨过茫茫的大西洋，完成了哥伦布时代惊叹不已的事业？

更令人诧异的是，另一尊石像则是：高鼻深目，身材颀长，满脸胡须，身穿长袍，完全是一个白人……

黄种人，黑种人，白种人，地球上的主要人种形象都会聚在这里。它们的种族特征是那样的鲜明，完全排斥了艺术创作时的随意性、偶然性和无目的性。

这些同时并存的人种形象意味着什么，是描绘他们自身或者他们的祖先吗，是记录那些不期而至的远方客人吗，不然的话，处于石器时代的奥尔梅克人，怎么可能有那样辽阔的视野，描绘出这样众多的远隔重洋的异族兄弟呢？

到底是谁最先到达美洲？奥尔梅克人头像隐藏着玄机。

谁创造了斯瓦西里文明

斯瓦西里文明是在东非海岸形成的一种文明，在伊斯兰教没有传入这一地区的7世纪以前，这里是由班图等族创造的以农耕为主，辅之以采集、狩猎和商业的文明。7世纪以后，随着伊斯兰教的传入和阿拉伯等外族的移民，逐渐形成了斯瓦西里人的文明。这是一种以商业城邦为特色的文明。到15世纪，沿肯尼亚到莫桑比克海岸兴起的较大的商业城邦就达37个。这些城市与阿拉伯、印度、波斯和中国进行贸易，出口的商品有黄金、象牙、肉桂、乳香、玳瑁、琥珀、奴隶，进口的有中国的青瓷、丝绸、漆器，中东的织品、铁器，印度

△ 斯瓦西里文明

的宝石等。除此而外，这里的农业、园艺及语言文学、宗教信仰、政治制度等也达到相当高的水平。包括我国的郑和等许多著名旅行家都对这里的一切赞叹不已。

但是，是谁创造了斯瓦西里文明，却一直是学者们难以揭开的谜。一些学者认为，斯瓦西里人的祖先来自伊朗，10世纪时，波斯的哈桑及其儿子、侍从率领7艘船远航至东非海岸，每艘船的人到东非后都建立了一个居留地，这些居留地后来逐渐演变为城邦，形成了斯瓦西里文明。另一些学者则认

△ 斯瓦西里文明

为，是阿拉伯人创造了斯瓦西里文明。

　　自20世纪60年代以后，又出现了另一种影响很大的说法，认为斯瓦西里文明的创造者应为东班图人。根据是，斯瓦西里语带有明显的班图语特征，而且据东非沿海最早的文献记载，在其他外来者没有到达东非沿岸前，班图人就已在那里定居，当地居民有自己的语言，只是未形成书面文字，这可能就是最早的斯瓦西里语。另有一种较为折中的看法是，斯瓦西里文化是以班图文化为主，融合了印度、波斯、印度尼西亚、马来西亚、中国等多种外来文化的混合体。公元7世纪后，阿拉伯人在东非海岸扩张，从北向南兴起了一批商业城邦，但随着时间的推移，他们与当地非洲人通婚，使这些城邦的后裔越来越非洲化了。

瓦尔纳史前文化之谜

位于黑海之滨的保加利亚古城瓦尔纳，一般被认为是建于公元前572年，但1972年的秋天，一个工人偶然发现的一些史前时代的金属碎片、铜质工具和燧石断片，却改变了人们的看法，因为这位工人所发现的物件都是约公元前5000年—3000年的史前文物！这引起了保加利亚学术界的高度重视，组成了专门的考古发掘队，对这一地区进行勘察。结果是令人振奋的，在发掘出的一处史前墓穴中，出土了大量制作精美的工艺品。经测定，这些墓葬品是公元前3500年前的遗物。随着发掘工作的不断深入，一个现象令人困惑不解，在出土文物中有相当一部分是青铜工艺制品，意味着当地居民当时已熟练地掌握了冶炼和翻铸的技术。而这种技术是外来的，还是当地人自己创造的呢？许多人认为，冶金术的基本技法最早是从埃及和苏美尔产生的，其后传到爱琴海地区，保加利亚的冶金术可能是从爱琴海地区传过去的。但英国的一位著名的考古学家在对瓦尔纳的史前文化实地考察后提出，保加利亚的青铜时代早于爱琴海地区的同一发展阶段，这里的居民早就依靠自己的力量发明了熔冶技术。这一观点的提出，几乎震动了国际学术界，因为一旦这一观点成立，世界历史的起源就将重写。

与此相关的另一个问题随之出现，即瓦尔纳地区的早期居民是当地的土著还是外来移民？多数人的观点是，保加利亚人的祖先是从小亚细亚和希腊半岛迁移过去的。瓦尔纳地区的考古发掘还没最后完成，相信还会有更多的奇迹等待着人们去发现。

圭亚那人为何丢弃了美丽的古堡

在绿草如茵、森林密布、河川纵横的水乡泽国圭亚那，有一个吸引着众多游客的塞兰迪亚古堡。它由荷兰人建造，18世纪末该地区被英国人占领后，古堡迅速被废弃。这是当地发生热带瘟疫所致，还是因荷兰人在圭亚那盛况衰微的结果，至今尚未知晓。

古堡坐落在圭亚那流量最大的埃塞奎博河下游的一个小岛上。这个狭窄的小岛长1公里，距河西岸400多米，那里是一片热带丛林，实际上是南美难以进入的莽莽林海。岛另一边因被湍湍急流中的无数小岛阻隔而见不到河的东岸。

游客要想参观古堡遗址，得在被大西洋环抱的埃塞奎博河河口的帕里码头乘船，那里停泊着许多轻便小艇。旅游者搭乘这种小艇，上溯8公里，就能抵达这个小岛。岛上人烟稀少，散居着100多户人家，大部分是渔民。古堡掩映在杂草丛生的灌木丛中，游客登上岛后，首先看到的是古老的兵器广场，附近堆放着一些荷兰酒瓶，这些绿色的玻璃制品，只有在18世纪欧洲的某些地方才能生产。炮台附近的草丛中，还能看到一些炮弹和战斗的遗迹。

关于这个古堡的历史一直可追溯到17世纪初。1681年，当早期荷兰探险者在新大陆被西班牙人驱逐出波梅龙后，他们就在远离西班牙和葡萄牙人冒险活动的大西洋岸中部活动。1616年，荷兰探险者阿德里安·格洛埃诺韦赫率3条船成功地驶抵了圭亚那岸的埃塞奎博河河口。他们沿河上行约48公里，在马托鲁尼河和卡尤尼河汇合处设居民点，建立了一个基克—欧弗—阿尔的设防镇区。1621年，在美洲、亚洲和非洲拥有大量庄园财产并起着贸易垄断作用的荷属西印度公司合并后，有计划地垦殖活动代替了漫无边际地开拓殖民地。1624年，该公司派遣了一大批垦殖者到基克—欧弗—阿尔地区。

随着英、法、西班牙和荷兰之间连续不断地争夺殖民地战争，这块土地多次易手，改换殖民统治者。居住在那里的居民为免遭战乱之苦，逐渐迁移到离河口更近，并具有很好防护的地方居住。于是，埃塞奎博荷兰殖民地的新首府建立到了这个小岛上。1687年，基克—欧弗—阿尔镇区司令在岛上建造了一个木制要塞。

为抵御入侵，埃塞奎博司令官劳伦斯·斯托姆·范格拉夫桑德于1742年计划按中世纪堡垒建筑风格，用石墙和障碍物兴建一个军事要塞，并在其周围挖一条护壕。1744年要塞建成，这就是留存至今的塞兰迪亚古堡。其附近还建造了一座教堂。在教堂里竖立着3块墓碑，其中两块碑文上写着：1770年11月逝世的迈克尔·罗特及其1772年逝世的妻子。第3块墓碑碑文已无法辨认，据岛上居民说，这是一条狗的墓穴。这是神话故事还是事实不得而知。

1781年，英、荷间爆发战争，英国人占领了德梅腊工、伯比斯和埃塞奎博地区，但几个月后，又被法国人抢占了过去。1783年荷兰人重新占领后，由于当地种植园主反抗而处境日趋困难。1796年4月20日，一支拥有8艘军舰，1300个士兵的英国舰队驶抵圭亚那沿岸，英、荷再度发生战争，荷兰最终完全丧失了这块地盘。1803年，塞兰迪亚镇区就变得荒无人烟，满目荒凉，古堡最终被废弃。这是因瘟疫、战乱还是荷兰殖民者的彻底衰败，该岛最后一批居民境遇怎样？在古堡四周有多少士兵葬身于战斗或死于瘟疫。答案尚留存在这座古堡的遗址之下，至今尚难解开。

破解古埃及象形文字之谜

象形文字是埃及学的核心和关键，是开启古代埃及文明的钥匙。那么，象形文字这种符号密码是如何得到破译的呢？

古埃及不是一个文化普及的社会——会读书写字的普通人很少。但是，在宗教中占据中心地位的符咒和仪式则凭借一种称为象形文字的神秘文字被忠实地记录下来，它们要么被抄写员抄录到莎草纸上，要么被工匠们刻在坟墓、纪念碑及棺椁上。约5000年前，古埃及人发明了一种图形文字，即后来所谓的象形文字。但这种

△ 古埃及象形文字

字写起来既慢又很难看懂，因此大约在3400年前，埃及人又演化出一种写得较快并且较易使用的字体，公元4世纪才慢慢消逝。

随着时光的流逝，以至于连埃及人自己也忘记了如何理解早期的那种象形文字了。若不是因为拿破仑大军入侵埃及时，随军的法国古文字学家们的那次发现，考古学家们极有可能至今仍无法辨认这种文字。罗马的传记学家普鲁塔克通过分析研究，认为象形文字具有毕达哥拉斯的箴言般特殊的魔力。

1799年，拿破仑入侵埃及期间，随军的法国古文字学家们发掘出一块带有文字的黑石碑——罗塞塔石碑，碑文用三种文字写成：分别是希腊文、古埃及象形文字和后期的埃及文字，这成为释读古埃及象形文字的关键所在。许多年以来，这种象形文字对学者来说一直是个谜。直到19世纪20年代，它

才终于被一个法国人破译出来，他就是埃及学之父——商博良。1790年，商博良出生于法国一个书商家庭，受到家庭环境的熏陶，他从小就表现出极高的语言天赋，学习了希腊文、拉丁文、希伯来文、阿拉伯语、科普特语、波斯语等多国语言。16岁商博良发表文章，论证了科普特语是古埃及语的一种；20岁他获得语言学博士学位；31岁突破了前人对罗赛塔石碑上的帝王名称，进行了崭新的研究。

这位法国古代语言学者研究了这些文字，并设法释读了古埃及的象形文字。商博良释读古埃及象形文字的方法是：对石碑上的文字逐一进行比较，先设法挑选出埃及最后一个法老王族——托勒密王朝时期的象形文字，随后再想方设法辨认出其他象形文字的词意。有一次，商博良碰到一个帝王名字，他先识别出了最后两个符号发音为"西斯"，又认定前两个符号发音为"美西"，最前面的符号发音为"拉"，联合起来就是拉·美西·西斯，也就是第十九王朝拉美西斯的名字。于是，他又用同样的方法识别其他帝王的名字，商博良于1822年将自己的发现公诸于众。

在商博良以前，人们一直认为象形文字仅仅是它们所代表单词的图形表现形式而已。但商博良证明，它们是象形图、音标和字母的复杂组合，而且古埃及语还与科普特语存在某种内在联系，科普特基督教堂到现在还在使用科普特语。

商博良对古埃及语法和字典作了深入研究，形成了一套比较完整的体系，留下了几部重要的作品：《法老统治下的埃及》、《埃及的宗教、历史和地理》、《埃及与努比亚古物》等。然而，年轻的商博良博士积劳成疾，于1832年不幸去世，永远地告别了他热爱的事业，享年42岁。

古埃及象形文字这把钥匙，历来学者、考古学家都非常重视。对象形文字的破译，将会是一个漫长的过程，同时也是对古埃及文明再认识的重要契机。但是，到底深埋于地下的石刻、墓碑等遗存还有多少，世人还无法下论断，所以这把钥匙到底能够打开古埃及文明的几扇大门，也是一个难以有定论的课题。也许不久的将来，人们会看到另一个埃及。

拜火教徒丹尼斯及《智慧之书》揭秘

在古代波斯帝国广袤的大地上，曾经兴起过一个奇特的宗教——拜火教。根据这个宗教的有关历史文献，仍然可以找寻到它朦胧的影子。传说一个狮头人身、长有双翅的奇特生物主宰着这个宗教，它是由一个凡人经过特殊的修炼而成为的神，他受了神的旨意而来到人世间，他能够让死者复活，能够拯救受苦受难的人于水火之中。

对于这个离奇的传说，很难弄清究竟有多少真实的成分。不过，拜火教确实有一个古怪的仪式，据说被称为梅尔卡巴。传说凡是受到过梅尔卡巴洗礼过的人，就能够上升为神，但并非每一个拜火教教徒都能接受这一秘密仪式

△ 拜火教创始人琐罗亚斯德

的洗礼，不过他们依然前仆后继地进行修行和礼拜。到底是什么力量使他们乐此不疲呢？拜火教狮头人身的怪物教主，还代表着土、月、日三位一体。据说，这也是拜火教修炼的三个阶段。经过一段时间的修炼，可以看见土（鹰）、而后可看见月（牛）、再后可看见日（狮），再经过修炼，就能飞升天堂转变成神。

奇怪的是，为何一定要经历这三个阶段才能够成为神呢？拜火教规定，不论任何教徒，只要对他人讲述了教会内部的事情，就丧失了成为神的可

△ 拜火教建筑

能。据此猜测：那种所谓的神也许就和拜火教的教主一样，是一个人兽合体。果真如此，那么遍布于世界各地的关于斯芬克斯的描述会是这样一种形象，可能存在着一种人兽合体的生物，由于它外形奇特，分布广泛，而被人们误认为神灵下凡。

如果进行大胆地推测，"人"也许就是从人神合体的神的身体中剥离出来而降至人间的！可是为什么一定是人、狮、鹰、牛这几种生物呢？这依然是一个难解的谜。

《梅路西》是《旧约》的一个十分古老的副本，大约流传于公元3世纪的欧洲，在这本书中，记载了一些凌乱的事情，但仍然可以看出一些端倪：人们看见有千只生物在空中打斗，它们有着狮身、人头、牛尾、鹰翅。这则故事，绝对不会脱离斯芬克斯的存在。下面这段文字更饶有趣味，那些奇特的生物偷走了伊凡卡天神护佑万物的《智慧之书》，惹恼了伊凡天神。于是，他命自己的儿子优加天神夺回圣书。双方在迪拜进行决斗，优加天神终于取得了胜利，夺回了圣书。

据传，那本圣书后来又被偷走，隐藏在狮子座的附近。

拜火教传说与《旧约》所载有着惊人的相似，简直让人难以置信！

在狮身人面像前足下2米左右的地方，也即正对着黄道面狮子座的地方，人们发现了一个空洞！空洞里面静静地躺着一部羊皮书手稿，它是用古拉丁文写成，成书时间大约在公元前8世纪，作者署名为丹尼斯。难道这就是传说中的《智慧之书》？从已破解的部分来看，这本书也足以让世人感到惊讶了。因为在书中可以看到——1999年！读过诺查丹玛斯大预言的人也许都会记忆犹新，在1999年7月的一天，狮子座、天秤座、天蝎座、金牛座交会成一个恐怖的大十字时，人类的历史即将宣告结束。而在这本羊皮书的丹尼斯预言里，亦有如下的说法，狮身人面像其实就是这四个星座的合体。狮子对应着狮子座，代表一个社会的政治，象征权力；人头对应着天秤座，代表一个社会的宗教，象征精神；鹰翅对应着天羯座——在古代，天羯座又被称为天鹰座，代表一个社会的科技，象征智慧；牛尾对应着金牛座，代表一个社会的经济，象征富有。以上这些构成了人类社会的四大支柱。如果这四大支柱发生动摇，人类社会就会坍塌。丹尼斯也发现了1999年的恐怖大十字，并且预言了那个十字代表的意义。在他看来，那恐怖的一天是：8月17日！那么，狮身人面像会不会是古代的人们为了告诫提醒自己的子孙而建造的呢？他们凭着什么力量或者说受到什么人的点拨，竟看见了我们人类的未来呢？这些都还是一个谜。

这位丹尼斯究竟是何许人呢？根据他为后世留下的这部羊皮书，可以推测也许他就是深知拜火教秘密的人，甚至他本人就是一位曾经苦苦修行的拜火教教徒。他希望通过修行成为一位神，拥有神的圣力和先知。但是，当他通过努力看到了土、月、日之后，得知人类将在未来的某个世纪之末蒙受灾难，他动摇了。最后他下定决心用自己来拯救人类！他悄然离开了拜火教的圣地，化名为丹尼斯，只身前行来到狮身人面像的脚下，并将自己所知道的一切写在书中并埋入地下，祈祷着在未来的某一天自己为之付出的一切能够有所回报。

在《智慧之书》中，不仅记载了狮身人面像的神秘内涵，还预言了一位魔王的出现："我不知是什么时候，人类中出现了一位魔王，他拥有旷世的权力，他的子民们为了满足他的欲望而屠杀、侵略和掠夺……他的每一句话，都将把你们带到不可回复的罪恶和灾难之渊。"也许连希特勒自己也不曾料到，在很久以前竟会有一位先哲已看到了他自己的出现；更不可能想到，他自己不经意间说过的话，会成为对未来人类命运的咒语，并且其中的一部分已逐渐变成了现实。希特勒在法国朗斯时曾说：1985年以后，人类将分为两类，不论国家社会，不论男女，都将两极分化。此后，希特勒再也没有说过类似的甚至连他自己也不曾明白的恐怖预言了，其中的一个原因是他再也没有这样的机会了。在希特勒同法国谈判后约一年，即1939年8月末的一天傍晚，睡梦中的希特勒突然跳出床叫道："就是现在，我已接到指令！"没过几天，德军闪电般突袭波兰，由此拉开了第二次世界大战的帷幕。随后他又下令进攻北欧、荷兰，并在短短6周内就结束了法国的政治生命，并向海峡彼岸的英国发射了大量的、堪称当时最先进的导弹。随着美英两国的参战，以及日本偷袭珍珠港，在短短一年的时间里，全世界都陷入了血与火的包围之中。

丹尼斯在书中用了大量篇幅讲述一个名为"希多拉"的人在20世纪所做的一切，并将其称为"一位叛乱的预言家"。但希特勒完全背离了拯救人类的使命，成了一名给人类带来无尽灾难的混世魔王。读过诺查丹玛斯《诸世纪》一书的人一定对书中所描述的"恐怖大王"记忆犹新。但已很难准确破解这一词汇的确切含义，只知道这是描述人类末世灾难的一个恐怖的暗语。

丹尼斯在这部羊皮预言书中对"恐怖大王"所作的基本介绍与《诸世纪》中描述的一样，但却难以看到"恐怖大王"的真实面目。也许所谓从天而降的"恐怖大王"是指从空中袭来的核弹头，或许是由于情景惨烈之极，丹尼斯没有将其所知道的一切用具体的词汇描述出来。在丹尼斯的羊皮书中，有这样一些关于"恐怖大王"的描述：它带着火光从天而降，不明的光闪烁在天边。还有一束巨大的光，将人们卷入死神的裙袍……丹尼斯成为了神，也许他仍然无法拯救我们人类；但如果我们因他而知道了自己的命运，他就无法继续修炼而成为神。

对于丹尼斯的预言，有的研究者认为是在描述人类因对环境的巨大污染而最终遭到的报复，还有人认为所谓的"恐怖大王"是指宇宙射线。以上的种种推测都十分符合"恐怖大王"的条件，很难想象它们叠加在一起会有什么样的效果，也许，"恐怖大王"就是指它们全体吧。

哥斯达黎加丛林石球之谜

位于中美洲南部的哥斯达黎加共和国，是一个美丽富饶的热带国家。境内大部分是山地和高原，北部和沿海为低地平原。在古代，曾经有3万多名印第安人栖息在这块土地上。

20世纪30年代末，美国联合果品公司的地界标定人乔

△ 哥斯达黎加丛林石球

治·奇坦前往哥斯达黎加热带丛林中实地考察开辟香蕉园的可能性。在人迹罕至的三角洲丛林以及山谷和山坡上，他发现了约200个好似人工雕饰的石球。这些石球大小不等，大的直径有几十米，最小的直径也在2米以上，制作技艺精湛，堪称一绝。加拉卡地区有一处石球群多达45枚，另外两处分别有15枚和17枚，排列无一定规则，有的呈直线，有的略呈弧线。

据怪异现象专家米切尔·舒马克研究，有些石球显然是从山上滚落下来，碰巧排成直线的。

这些躺在不同地区、大小不一的石球，自然引起了人们极大的兴趣。科学家们对这些石球进行了详细认真地测量，发现这些石球表面上的各点的曲率几乎完全一样，简直是一些非常理想的圆球。这些石球有什么用，没有人

能够加以正确地阐释。摆放在墓地东西两侧的石球可能代表太阳和月亮，或图腾标志，但这只是推测。有人戏称之为巨人玩的石球。

据考查，这些谜一样的石球，差不多都是用坚固美观的花岗岩制作而成的。令科学家和考古工作者感到迷惑不解的是，这些石球所在地的附近并没有可以提供制作它的花岗岩石料；在其他地方也找不到任何原始制作者留下的踪迹。而对这样奇特的现象，使人们不得不提出一连串颇费猜测的难题：是什么人在什么时候制作了这些了不起的巨大石球，所必需的巨大石料如何运到这里，究竟用什么工具加工制作？

对大石球做过周密调查的考古学家们都确认，这些石球的直径误差小于1%，准确度接近于球体的真圆度。从大石球精确的曲率可以知道，制作这些石球的人员必须具备相当丰富的几何学知识，具有高超的雕凿加工技术，还要有坚硬无比的加工工具以及精密的测量装置。否则，便无法想象他们能够完成这些杰作。

诚然，远在远古时期，生活在这里的印第安人大多数都是雕凿石头的巧匠能手。然而，有一点无疑必须肯定，琢磨如此硕大的石球必须付出艰巨的劳动，从采石、切割到打磨，每一道工序都要求不断地转动石块，要知道这些石球重达几十吨，这无论如何并不是一件容易的事。难道这些直径几十米的石球就是他们祖先在缺乏任何测量仪器的情况下，运用原始简陋的操作工具一刀一刀地雕凿而成的吗？这实在是令人难以置信的事。

在哥斯达黎加的印第安人中间，长期流传着古老的神奇传说，其中就有宇宙人曾经乘坐球形太空船降临这里的故事。因此，不少人在对上述奇迹百思不得其解的情况下，便猜想这些大石球与天外来客有着直接联系。依照他们的看法，这些天外来客降临这里后，在较短的时间内制作了这些大石球。并将它们按照一定的位置和距离进行了排列，布置成模拟某种空间天象的"星球模型"。这些大石球象征着天空中不同的星球，它们彼此之间相隔的距离，表示星球间的相对位置。

据说，天外来客试图利用这些石球组成的"星球模型"向地球上的人类传递某种信息。但是，今天有谁能理解这个"星球模型"的真正含义呢？又有谁能知晓在这些大石球中，哪一个代表这些天外来客生活的故乡呢？

正如乔治·舒马克最近在发表的评论中所说的那样："哥斯达黎加石球名扬四海，但人们对它了解甚少。除非能找到不遭破坏的石球群，否则，这些圆圆的石头对我们永远是一个不解之谜。"

哥斯达黎加的森林沼泽并不是世界上唯一发现石球的地方。比如，原联邦德国的瓦尔夫格堡、埃及的卡尔加、美国的加利福尼亚州和新墨西哥州，以及新西兰的墨埃拉·鲍尔达海滩，都曾发现过神秘的石球。在我国山西雁北地区和新疆的第三纪沙岩中，也曾发现过沙岩类石球。

并且，在一些火山附近，人们也发现有石球。早在1930年，美国矿山工程师戈登就在墨西哥哈利斯科州一处银矿附近发现过一个大石球。接着，考古学家斯特林在其附近的阿梅卡山上发现一个更为壮观的"石球王国"。后来，美国地质学家史密斯进行考察，他认为，约4000万年前，阿梅卡曾发生过火山爆发。我国河南信阳上天梯珍珠岩矿区的刘家冲流纹岩中，也有一处火山石球带。

这些神秘的石球到底从何而来呢？科学家们提出了种种假设。

"一个十分自然的想法是，这些大小不同的圆球放在这里是有一定目的的。譬如说，它们代表天上不同的星球，彼此相隔的距离表示星球间的相对位置。这可能是宇宙来客给地球的纪念品，他们想向人类传递某种信息。"这是美国的什克罗夫斯基等人就哥斯达黎加石球提出的有趣的解释。

也有一些考古学家断言石球是石器时代的人类创造的或是作为防御和狩猎的设施和工具，或是为某种宗教祭祀品。

但大多数科学家对此提出异议，认为是大自然的天成之物。关于火山附近的石球，有不少科学家认为，可能与大熔岩的热力作用有关。但以上诸说的解释仍不足以服众。

原始文身之谜

　　文身作为一种十分古老的习俗，早在人类蒙昧时期就出现了。文身曾在世界各国盛极一时。如澳大利亚的阿内特人、阿兰达人、新西兰的巴布亚人、毛利人、南美的海达人、南北美洲的印第安人、日本的阿伊努人、印度南部的冈达人等，以至于古代的欧洲人，都奉行过文身习俗。中国包括汉族在内的许多民族，如傣族、布朗族、高山族、黎族等少数民族也都一度盛行文身。由于文身是用刀、针等尖锐器物在身体上刻画出符号或花纹，并涂上颜色，使这些彩色饰纹成为永久性的，涂料又大多以黑色为主，如墨行文，所以称其为文身。

　　根据地区与民族的不同，古人文身的部位也不相同，一般在面、胸、臂、背、腿、腹等处。由于各个民族在信仰、习俗、爱好等方面存在很大的差异，所以古人文身的图案也大相径庭，主要有鸟兽、树木、花草、星辰、龙蛇以及一些几何图形等。例如，澳洲的一些土著人总是随身带着红、白、黄各种颜料，他们总是不时地在颊、胸、肩、腹等地方点上一些颜色。到了举行盛大的庆典时，他们就会把全身涂成五颜六色。北美温哥华的努特卡印第安人在节日里喜欢在脸上绘制出五花八门的图形，这些颜料都是印第安人用动物油脂制成的，有时要撒上一些云母碎片，通过云母碎片的闪闪发光来渲染喜庆气氛。更有意思的是，在文身的巴布亚人中，每个部落都有自己专用的独特图案，一旦发现其他部落的人抄袭了本部族的花纹，轻则引起两部落人们的口角纠纷，重则会发生械斗，有时甚至会引发战争。

　　许多研究过文身风俗的学者认为，远古人类的发式、服装以及其他各种装饰物的发展演变与原始时期的文身有着相当密切的联系，人类最早的服装很可能就是文身的附属物。但是，随着服装在人类社会的逐渐推广，文身的

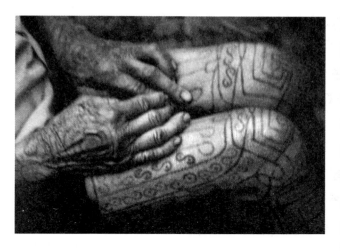

△ 原始文身

习俗却在不断地消退。到现代文明社会，在那些大都市里，文身只是在某些神秘的社会团体中和各种戏剧杂耍表演以及爱自我表现的青年人中流行，不少人去文身也仅仅是出于好奇。然而，原始文身那充满神秘怪异色彩的线条和图案却一直吸引着现代人们，许多艺术家更是从中吸取了灵感，可见文身的影响之深是一时难以消除的。

此外，不同人在社会中的不同地位也能通过文身反映出来，如年轻的巴布亚人一般用红色文身并黥刺面部，用黑色绘身并加刺手臂、腿部或胸部的则是老年巴布亚人。在日本的阿伊努人中，社会地位高的人身上的花纹大而直，小而曲者则代表其社会地位较低；而新西兰的毛利人也是社会地位越高面部黥纹越复杂精细。加洛林群岛的土著人甚至明确规定，只有贵族阶级才有权在手臂、背部、腿部上黥刺精美的花纹，非自由的人只能在手、足上刺一些简单的线条。

那么，原始人为什么如此酷爱文身呢，它代表的真正含义又是什么呢？对此，人们的观点各不相同。有人推测可能是出于对祖先的崇拜或图腾崇拜。根据人类学现有的调查资料显示，在有关文身的实例中，把本部族的图腾绘制或文刺到自己身上是一种最常见的文身。因为在原始人的心目中，本部族的图腾不是象征着最受崇敬的主神，就是象征着部落的祖先，所以他们认为身上文有或绘有这些图案能够得到神灵的帮助和保佑。据记载，居住在大洋洲托列斯海峡附近岛屿上的土著人，每个人都从鼻尖到前额，再沿背脊到腰际画一条红线，象征着他们的图腾——儒艮。而在台湾的高山族，文身不仅仅是一种装饰，而且更重要的是作为成年的标志。十四五岁的男子只要参加过打猎就可以文身，女子从十三四岁起也可以文身。如果想获得成年资格就必须文身，并且男子在某些部位文身还代表他十分勇敢，女子把自己设计的图案文刺在身上，则显示其智慧与能干。

不少研究原始文化的学者还认为，原始人文身只是出于人类爱美的天性，其他意义则是日后衍生出来的。的确，大多数的原始部落民族都认为他们文在身上的花纹是最美丽的，而一旦缺少了这些花纹，人就会变得很丑。据资料显示，新西兰土著毛利人，妇女到了成年以后都必须在下颌部、特别是嘴唇上文出一条条的横线，因为她们认为红嘴唇是很难看的，如果红嘴唇的女人嫁给哪个男人为妻，就是这个男人最大的羞辱。当然，随着文明的进步和社会的发展，在近现代的原始部落中，人们文身完全可能同时出于宗教、文化或者爱美等不同的需要，因此把文身归结于某个原因来解释这些复杂的现象，那就未免过于简单了。

也有的学者认为文身的另一个原因是出于某种巫术或宗教的目的。例如澳大利亚的土著人在打仗出发之前会将全身绘红，为死者举行丧礼时全身绘白，以此求得天神的庇护。生活在澳洲中部的阿兰达部还在自己身上文上部落的图腾，再用山鹰的羽毛蘸上自己胳膊的血贴在那些图案四周，并且跳一种"图腾舞"以与神灵交流。澳洲土著部落几乎所有的巫师在作法时都要绘上花纹，否则会失去人们的信任。原始人为什么要文身呢？以上这些推测和分析似乎各有各的可信之处，但都不能最终回答这个问题。

4200年前人类就已有了电、电灯和彩电吗

电、电灯和电视机是近现代才发明和使用的，在几千年前的古代绝对不可能有这类东西。这是连小学生也知道的普通历史常识。可是下列一些历史事实却令今天全世界的历史学家和考古学家们迷惑不解：

一位著名的考古学威夏劳·勒加博士在日内瓦向新闻界宣布：他在埃及尼罗河畔一座从未有人发掘的古墓中竟然发现一台完好无损的类似彩色电视机的仪器。这台仪器与时下流行的彩电有较大区别，它只有一条线路，只能接收一个电视台的节目。它有4个三角形的荧光屏，屏的四周都镀了黄金，它的机件是目前最先进的金钛制造的。质地极为坚固，该机已不能工作，虽然经历4200年，它的太阳能电池作为动力仍能正常操作。

由于古埃及人既没有制作电视机的材料，也不具备高精度的工艺水平，因此，专家们认为它极可能是外星人送来的礼物。电子工程师里察·蒙纳花了近1个月的时间细致地检查了这台电视机，并查清了它的线路和工作原理。他准备用当前最先进的技术复制出一台同样的彩电来，以试验它是否能接收到另一个星球的电视信号。

在古埃及的金字塔建筑群中，规模最大的一座是距今约4600年，在开罗近郊吉萨建造的古王国时期第四王朝法老胡夫，古希腊人称之为奇阿普斯的金字塔，它内部结构极为复杂和神奇，并饰以雕刻、绘画等艺术品。

由于墓室和甬道里十分黑暗，这些精致的艺术作品需要光亮才可能进行雕刻、绘画，应是在利用火炬或者是在油灯下才能完成。当时如果真的是使用火炬照明或油灯，就必然留下一些"用火"的痕迹。可是，现代科学家对墓室和甬道里积存了4600多年之久的灰尘进行了全面仔细的科学化验和分析，结果证明：灰尘里没有任何黑烟和烟油的微粒，没有发现一丝一毫使用

过火炬或油灯的痕迹。

这是不容置疑且千真万确的事实。因为，现代科学家利用来化验墓室和甬道里灰尘的现代化仪器是目前世界上最先进的，它能够准确地分析出每一粒灰尘的100万分之1中的化学成分，由此可见，古埃及艺术家在胡夫金字塔地下墓室和甬道里雕刻、绘制壁画时，根本不是使用火炬或油灯来照明，而很可能是利用某种特殊的蓄电池或者其他能够发光亮的电气装置。

不过，在公元1401年，考古学家在意大利发掘一座帕拉斯墓穴，发现整个墓穴被一盏明亮的灯照亮着，这盏灯在墓穴里已经燃亮了2000多年而没有熄灭，直到考古学家把墓穴全部打开后它才自动熄灭。

公元1845年4月，考古学家在罗马附近发现一位古代年轻女子的石棺，她的全身肌肉还没有腐烂，像活人一样完好无损，面容栩栩如生，打开她的石棺时，考古学家被石棺内一盏明亮的古灯吓住了，这盏古灯已经在石棺内燃亮了1500多年之久没有熄灭。

为什么古灯在已经掩埋、密封了的坟墓或石棺里能燃亮1500多年而不熄灭呢，这些古灯的光源究竟是什么？至今仍然是无人揭晓的谜。

从这两盏古灯的外表形态来观察，它们与现代的电灯不相同，但其发放亮光的原理可能与现代电灯有某些相似之处。由此可见，远在1500多年前，某些古人就能够制造某种特殊的蓄电池或其他能够永放亮光的特殊电气装置了。查遍1500年前古代的所有历史文献，根本没有试制电器的任何记载。许多人认为1500年前的古人绝对不可能有如此高超的电气技术，这些古灯不可能是地球的古人发明的，而是天外来客——外星人遗留在地球上的制品。由于这些古灯被考古学家发现时受着科学技术条件的限制，当时无法对这些古灯进行深入的研究和探索，因而这些古灯就成了千古悬案。

令考古学家和历史学家们惊奇的是：距今4600多年前的古埃及人真的知道现代电灯之谜的秘密吗？这是现代人不可思议的奇谜。

泰姬陵之谜

　　泰姬陵坐落在印度阿格拉附近的亚穆纳河畔。它是世界上最优雅、最富浪漫风格的建筑之一。

　　据说，泰姬陵是莫卧儿帝国第五代皇帝沙·贾汗为其宠妻阿柔·巴纽皇后建造的一座陵墓。皇后原名蒙泰姬·玛哈尔，名字的含义是"宫廷的光艳"。

　　年轻貌美的泰姬19岁就为皇帝生儿育女，前后共生了14个。但在1631年，她不幸因难产而离世，沙·贾汗悲痛至极，便为泰姬建造了这座陵墓。泰姬陵全长583米，宽304米，四周被红沙石墙紧紧包围。整座陵墓占地17万平方米。陵寝居中，东西两侧各建有式样相同的建筑：一是清真寺；一是答辩厅。陵的四方各有一座高达40米的尖塔，内有50级阶梯。

　　从大门到陵寝之间有一条用红石筑成的雨道，两旁则是人会道，中间还有水池和喷泉，南道末端就是陵墓所在。整座陵墓在一座高7米、长95米的白色大理石底基上，陵高74米，上部为高耸重叠的穹顶，以苍天为背景，轮廓优美典雅；下部为八角形的陵壁，四面各有一扇高达33米的巨大拱门。两边的门框上用黑色大理石镶有《可兰经》。

　　这些镶嵌的经文中，有一句最负盛名的话，即"邀请心地纯洁者，进入天堂的花园"。陵寝内还一扇精美的门扉窗棂。中央的宫室里设有一道雕花的大理石围栏，里面放着的就是世界闻名的沙·贾汗和泰姬的两座大理石棺椁，但这两座石棺却不是真的。从外表上看，由于整座陵墓由纯白大理石砌成，因此随着晨曦、正午和晚霞三时阳光强弱的不同，照射在陵墓上的光线色彩也会变幻莫测，呈现出不同的奇光异景。每逢花好月圆之夜，景色就更为迷人。正如沙·贾汗在建好之初所说："如果人世间有天堂与乐园，泰姬

△ 泰姬陵

陵就是这个乐园。"由此可见泰姬陵的的确确是一座无与伦比的建筑物。目前，有关这座建筑物的设计者和艺术风格流派问题，大致有三种说法：一是"伊斯兰波斯说"。近百年以来，《大英百科全书》的作者始终认为，沙·贾汗国王是泰姬陵的建造者。主要设计者是波斯人乌斯泰德·伊萨，由他总揽其事，其中却没有一个印度人参与构思。

二是"欧亚文化结合说"。这一说法的代表人物是英国牛津学派的印度史学家史密斯。他坚持认为，泰姬陵是"欧洲和亚洲天才结合的主物"。

三是"主体艺术印度说"。坚持这一看法的学者中，最有名望的是印度著名史学家马宗达。他认为：首先，泰姬陵的平面图和主要特点与古印度苏尔王朝舍尔沙的陵墓以及莫卧儿胡马雍的陵墓，在建筑风格上有前后继承的关系。

其次，就建筑材料而言，这一材料及方法早在西印度的拉杰普特艺术中就已存在。

最后，考虑到莫卧儿时代对西方已经开放，东西方文化交流比较频繁，西方艺术的某些因素的确对印度建筑风格产生了影响，这是完全符合历史发展逻辑的。

这几派学者真可谓各抒己见，然而在1978年伦敦一家书店出售了奥克教授撰写的《泰姬·玛哈尔是一座印度教神庙圣殿》一书。此书问世后，世人感到颇为惊讶，于争端复起。不少对泰姬陵有浓厚兴趣的学者又开始了新一轮的研究考证。

宙斯神庙之谜

宙斯是希腊众神之神，是奥林匹亚的主神，为了表示崇拜而兴建的宙斯神像是当时最大的室内雕像，宙斯神像所在的宙斯神殿则是奥林匹克运动会的发源地，遗址位于希腊西岸奥林匹亚的古城中。

拜占庭的菲罗记述宙斯神庙时说："我们以其他六大奇观为荣，而敬畏宙斯神像。"之所以有此感言，是因为宙斯神殿是古希腊的宗教中心，这里成为古希腊人尊崇、膜拜的地方。

神庙大殿位于希腊雅典卫城东南面，依里索斯河畔一处广阔平地的正中央，为古希腊众神之神宙斯掌管的地区。这地方满目尽是一片丘陵，但据说在古希腊时期，这里环境幽雅，四周环绕着翠谷和清澈的溪水，不远处更有绿意浓浓的丛林，在林中的小径旁则是奇花异木。在古希腊时代，这片地方位于雅典城墙外，到了哈德连帝时代为了扩大雅典城规模，将城墙往外扩展，才把神殿纳入城内。

宙斯神殿建于公元前470年，于公元前456年完工，以多利斯式建筑为风格，由建筑师伊利斯人李班设计，宙斯神像则由雕刻家菲迪亚斯负责。表面铺上灰泥的石灰岩，殿顶则用大理石兴建而成，神殿共由34条高约17公尺的科林斯式石柱支撑着。殿前殿后的石像都是用派洛斯岛的大理石雕成。殿内西边人字形檐饰上的很多雕像，十足是雅典的风格。有一个有趣的传说，据说在修建雕像的过程中，菲迪亚斯曾专程到奥林匹斯山，问宙斯对他的塑像是否满意。作为回答，天神降下了霹雳闪电，劈裂了神殿的走廊。至于神殿的主角——宙斯，则采用了所谓"克里斯里凡亭"技术，是在木质支架外面加象牙雕成的肌肉和金质的衣饰。宝座也是木底包金，嵌着乌木、宝石和玻璃，历时8年之久才得以完成。

在旅行家沙尼亚斯巴的《希腊游记》一书中，曾对宙斯神像作了详细的描述，书中记载："宙斯神主体为木质，身体裸露在外的部分贴上象牙，衣服则覆以黄金。头顶戴着橄榄枝编织的皇冠，右手握着象牙及黄金制成的胜利女神像，左手则拿着一把镶有各种金属打造的权杖，杖顶停留着一只鹫。"至于他的宝座，神像头上与头后，雕着"雅典三女神"和"季节三女神（春、夏、冬）"雕像；腿和脚饰有舞动中的胜利女神与人头狮身史芬克斯，以及希腊其他诸神，底部宽6.55公尺、高1公尺，而神像约高13公尺，以至于宙斯像几乎要顶住神殿的顶部。

神像身后挂着由耶路撒冷神庙劫掠得来的神圣布幔。菲迪亚斯更精密地规划四周变化，包括由神庙大门射向雕像的光线，为了令神像的面容更为美丽光亮，于神像前建造一座极大而浅，里面镶了黑色大理石的橄榄油池，利用橄榄油将光线反射。矗立期间更有工人前来擦拭象牙，称为"菲迪亚斯抛光工人"。一名访客说："我可以告诉你雕像尺寸，但无法形容它的效果。"神像昂然地接受人们崇拜达900多年。直到公元393年，罗马皇帝都路斯一世，毅然颁发禁止竞技的敕令，古代奥林匹克竞技大会也就在这一年终止。紧接着，公元426年，罗马皇帝又颁发了异教神庙破坏令，于是宙斯神像就遭到破坏，菲迪斯亚的工作室亦被改为教堂；神庙内倾颓的石柱更在公元522年及551年的地震中震垮，石材被拆，改建成抵御蛮族侵略的堡垒。所幸的是，神像在这之前已被运往君士坦丁堡（现称伊斯坦堡），被大臣路易西收藏于宫殿内达60年之久，可终归是厄运难逃，公元462年的一场大火，将宙斯神像彻底焚毁。这个壮丽巨大的雕像的消失让人感到惋惜，当时的绘画和翻印品也完全没有说明它是如何消失的。今天，世人能够看到的就只有奥林匹亚城宙斯神殿的断壁残垣了。

罗马城起源之谜

中国人认为自己是龙的传人，而罗马人认为他们是狼的传人，还有一个神话传说——母狼哺婴对此加以印证，虽然这只是一个传说，但罗马人认为这是真实的故事，并把母狼哺婴像作为罗马城徽。

罗马城，古罗马帝国的发祥地和国都，欧洲最古老的城市之一，位于台伯河下游的平原上。因城池建在七个山丘上，故有"七丘城"之称。罗马文明和希腊文明一样，其丰厚的遗产滋养了无数文化和艺术的发展、成长和壮大。罗马的艺术文化遗产让世人为之倾倒，提起罗马人们就会想到的"露天历史博物馆"，还有文艺复兴时代的艺术宝库，古罗马那些歌颂权力和炫耀财富的大空间以及大量的公共建筑、祭神建筑和市政建筑等，同时也会想到与那些壮丽恢弘的建筑关系密切的雕塑。罗马城最为著名的艺术雕刻是作为罗马城象征的雕塑——母狼哺婴像，不仅因为在它背后有一个动人的传说，还因为它传诵着罗马城神话般的起源。

当年迈锡尼王阿伽门农统帅的希腊远征军，最终以"木马计"攻陷小亚细亚北部古城特洛伊城。该城的神话英雄爱神维纳斯之子伊里亚带着父亲和一些幸存下来的士兵，乘船逃向茫茫大海。历经千难万险，终于到达意大利西海岸的拉齐奥地区。当逃亡者看到台伯河畔美丽的风景时，决定在此休整。当地的土著居民，长期处于战神马尔斯之子福那斯的统治之下。福那斯与伊里亚相处得非常融洽，将自己的千金许配给伊里亚，还给他们一大块土地。伊里亚带着士兵们动手建造了一座新城，取名阿尔巴·龙伽。

很多年过去后，阿尔巴·龙伽的老国王普罗卡病逝前，将王位传给长子依多米尔。依多米尔为人温和，治国有方，一时可谓国泰民安。不幸的是他的弟弟阿穆留斯生性残暴，野心勃勃，对哥哥当上国王耿耿于怀，伺机收买国王的亲兵首领，发动了宫廷政变，囚禁国王自己篡夺了王位。篡权成功后，国王的一儿一女又成为阿穆留斯的心头之患，他派人残忍地杀死自己的亲侄子，又逼迫侄女西尔维亚当女祭司，他认为祭司不能结婚，无法生育，就不会留下威胁他的祸根。可是战神马尔斯非常同情西尔维亚的境遇，两人互生情愫，西尔维亚生下了一对孪生兄弟。阿穆留斯听说后，为斩草除根又派人抢走孩子，令一女仆把孩子扔到台伯河淹死。女仆提着装有孩子的篮子来到河边一个叫帕拉丁的山冈上，看到河水正在泛滥，天空乌云密布，似乎暴雨顷刻就要降临。女仆低头看看篮子中熟睡的孩子，实在不忍心扼杀无辜的生命。她见河边树丛较多，很多树枝低低地垂向水面，可以挂住篮子，就对监督她的阿穆留斯的亲兵说，她害怕这种天气不敢再往前走了。那些亲兵心里也有些害怕，就命她赶快将孩子扔进河里。女仆乘机将篮子放到水中，并偷偷用树枝挂住。

河水很快消退下去。两个孩子醒来后饿得哇哇大哭。一只到河边喝水的母狼，听到哭声后迅速跑到篮子旁，一看到孩子顿时露出母性的温柔目光，小心翼翼地将篮子移到高处，用舌头舔干孩子的身体，然后用自己的奶水喂孩子。嗷嗷待哺的两个孩子拼命吮吸着狼奶。这一母狼哺乳人婴的奇景被牧羊人法乌斯看到，他待母狼喂饱孩子恋恋不舍地离开后，将孩子抱回家抚养。后来他和妻子分别给他们取名为罗姆洛和雷默斯。

兄弟俩长大后，仪表堂堂，经常行侠仗义。一次他们与另一群牧人发生冲突，弟弟雷默斯被对方抓送到一位老者处，老人觉得雷默斯面熟，就仔细询问他的家世，当他听说雷默斯在台伯河畔被母狼救起的经历后，顿时昏厥过去。原来这位老人就是被阿穆留斯囚禁后又逃出来的老国王依多米尔。兄弟俩知道了自己的真正身世后，自然心中充满了仇恨，立即组织人马攻打阿尔巴·龙伽王宫，正在寻欢作乐的阿穆留斯被罗姆洛一剑刺死，背叛国王依多米尔的亲兵首领也被弟弟雷默斯杀死。兄弟俩杀死仇人帮助外公夺回王位后，决定在母狼哺育过他们的地方——帕拉丁山冈建造一座新的城市。后来兄弟俩在新城用谁的名字命名上争执不下，最终兄弟竟因此而反目。哥哥罗姆洛最后杀死弟弟雷默斯争得城市的最高统治权，并以自己的名字命名新城为"罗马"。据说，此事发生在公元前753年4月21日，罗马人将此日作为他们的开国纪念日。

△ 罗马城徽的母狼哺婴像

据考古学和历史学的研究表明，这种关于罗马城起源的说法并不太准确。罗马的真正起源应该大约在公元前1000年到公元前800年，属于印欧语系的拉丁人来到这里定居，他们在台伯河沿岸的七个山丘上建立村落聚居地，后来又联合附近几个山丘上的部落居民，逐渐发展成罗马城。

不论真实性如何，流传千百年的母狼哺婴与罗马建城浑然天成的传说，是那么曲折动人，充满人文色彩。人们宁愿相信罗马城的建造者就是传说中母狼哺育过的婴儿，因为这赋予了罗马城无尽的神秘和鲜活的生命力。早在公元前6世纪，古罗马雕刻家用青铜塑造了一尊高85厘米，题为《母狼》的铜雕。16世纪，为纪念两个大难不死的罗马城建立者，人们又在母狼的腹下雕了两个正在吮奶的婴儿，母狼歪着头立在那里，耐心地等待两个孩子吃饱喝足。

作为罗马城徽的母狼哺婴像，保留了两个男孩在母狼腹下吃奶的形象，使得母狼那种一向被研究罗马历史和艺术的专家们视作"严峻而冷酷的形象"染上一些温情色彩。当然，这都只是传说中的故事。它又有多少历史真实性？罗马城市建立的真实情况到底是怎样的呢？史学家已经争论了百余年之久，人们还是各执一词。

古罗马道路之谜

　　"条条大路通罗马"这个谚语我们都知道，是用来比喻事物具备多种可能性的。为什么条条大路是通罗马而不是其他的地方呢？这个谚语最初是怎样形成的呢？古罗马保持最长久的纪念建筑之一就是它巨大的道路网，它们将罗马各行省编织在一起，为罗马帝国的强盛和繁荣作出了巨大的贡献。

　　由于古罗马人崇尚法制，追求有序和规则，因此古罗马时代的交通运输网都有着宏伟的规模。各交通大道一般都以罗马城为中心，呈辐射状向周围地区延伸。

　　公元前312年，为适应版图扩展和势力延伸的需要，在监察官阿庇乌斯的主持下，罗马人修筑了第一条高水准的罗马式道路——阿庇乌斯路。这条大道从罗马南下直达意大利工业中心卡普亚，之后不久，罗马又修了一条北上的弗拉米乌斯路，直达亚得里亚海滨的北方重镇阿里米昂。再从这条北上大道延伸至波河流域，就可与法、德、瑞士、奥地利等地相连，通达之途更为广阔。

　　到公元前3世纪，罗马陆续建成几条大道。奥莱丽亚大道以罗马为起点，向西北直达热那亚；瓦莱里亚大道横贯亚平宁半岛；还有一条称为拉丁大道，沿着罗马地东南方向延伸，在卡普亚附近与阿庇乌斯路连接。

　　首都罗马用道路和意大利各地、英国、西班牙、小亚细亚部分地区、阿拉伯以及非洲北部联成整体，并把这些地区分成12个行省，共有约320条联络道路，总长达到7.8万公里，以维持帝国在该地区广大地区的统治地位。

　　有如此多的高水准道路通向四面八方，所以也就留下那句"条条大路通罗马"的谚语。

　　整个帝国庞大的道路网，以29条干道为主体，工程技术标准和便于

△ 法国加尔古罗马水道桥

通行程度非常高，史学家认为，这种道路工程是罗马"最有特色的文化纪念物"。

就第一条大道"阿庇乌斯路"来说，它工程品质可靠，坚固牢实，"全天候"使用，无论雨雪风暴、翻山过桥随时都可以保证畅通。平时的交通军旅以坐骑为主，货物则用军运，因此这种道路必须宽度划一，足可容纳数队军骑来往通行，还要保持路线基本平直，上下坡度力求低缓，桥涵设施配套齐全。

为适应行军需要，路面本身用沙石铺筑四层：最下一层是基础层，铺以泥灰或沙，并夯实，作为路基；第二层是石块与灰土混合铺筑，石块大约有拳头大小，用以充实路面、保证一定的高度；第三层是混凝土（或石灰），与下面一层粘牢，为路面提供牢实的基底，有时候工人铺设碎石或粗沙掺以泥灰，再用滚压机压平；最后一层，也就是军骑直接接触的路表面，用平整的石块铺成，接缝处十分严密，石块整齐划一，每块约为1公尺至1.5公尺长。路面中间稍稍隆起，形成小弧形，这样下雨的时候水就不会聚集，而是顺势流向边边，分散到两旁的下水道。路边有石砌保护，有排水沟。

主要军用大道宽约十一、二公尺，路中间硬面部分宽约3.7至4.9公尺，以供步兵通行，外侧为骑兵道，宽约2.5公尺。这种建筑工程技术的标准是修筑阿庇乌斯路时拟定的，以后其他路的修筑都纷纷仿效。

铺设罗马大道要从异常精确的勘查开始，在开阔地带，道路是直的，在凹凸不平的乡间，则要穿过地势较高的地区。必要时，需开凿隧道通过山坡，遇到沼泽地带时，堤道则把它抬高。

由于还没有电的发明使用，勘察人员经常靠点火调准路线，大部分在黎明和傍晚时分完成。为了完成任务，他们还依赖各种不同的仪器：便携式日晷，以确定方位；量角仪——一根木杆上装有水平交叉横木，四端各用线垂一重物，用来测量直线和直角。还有一个水准测量仪器，叫做地层仪，用来测定地形的剖面。

罗马大道后来被用于商贸往来，但最初是军队使用的道路，是帝国为了向外扩延势力，为了加快部队行进速度，以尽快到达前线动乱地点而建设的。

条条大路通罗马，在恺撒、图拉真等皇帝亲自监督下建造的罗马大道，建筑规范，管理有序，将千万个城乡紧密连接起来，极大地促进了罗马帝国的繁荣和强盛，为罗马文明的传播创造了无比优越的条件。

遍布帝国大地的交通道路网络，在中世纪的时候为全欧洲受益。在铁路时代到来之前，罗马人这套伟大的建筑体系工程，为欧洲陆路旅行在方便快捷方面作出了无与伦比的贡献。

历经千余年的岁月洗礼，今天我们仍能随处看见罗马古道的遗迹，它们仿佛在向人们诉说着罗马昨日帝国的辉煌。

"条条大路通罗马"，这的确是个不争的事实！

古罗马圆形竞技场之谜

中世纪有位英国诗人贝达，曾说过："圆形竞技场崩溃时，就是罗马灭亡之时。"这里的圆形竞技场就是指罗马的科洛塞穆竞技场，它以其独特的建筑风格被称为"古代世界最为宏伟的高超建筑"，罗马人更是以其作为帝国精神的象征，扬言"科洛塞穆永不倒"。"科洛塞穆"竞技场究竟是什么样子的建筑，它真的永不倒吗？科洛塞穆竞技场位于罗马古城区的威尼斯广场南面，是罗马帝国时期的皇帝维斯巴夏在位时修建的，始建于公元72年，历经8年后，由其子提图斯完成的。这个竞技场是古罗马建筑风格的典型代表，以其庞大、兼顾、实用和精美而闻名于世，即使经过了1900年的风风雨雨后仍然引人憧憬。

在拉丁语中，"科洛塞穆"的意思是"巨大的"，因此人们又称为大角斗场或者圆形大剧场。其实，它的主要用途是角斗表演，准确地说，它是一个多功能的体育场。然而，不可思议的是，它的牢固耐用的内部构造、精美宏伟的外部设计，即使在现代化的今天，用先进科技建筑的体育馆都难以与之相媲美。

这座古代世界规模最大的竞技场，外墙高48.5厘米，相当于现在一个12层大厦的高度，整个外观呈现椭圆形，长径达188厘米，短径为156厘米，圆周长为527厘米，总占地面积达到2万平方公尺。观众席可容纳5万人，共分4层4区，60排，每层以62％的坡度向上升起，全部用大理石装饰。座位最前面是贵宾席，中间是骑士席，后面的是平民席。因为分有4个区，各区的观众对号入座，所以并不会发生纷乱的现象。第四层上开有4个门，西北门为正门，西南侧和东北侧为皇室家族专用席，里面设有柱子，用来挂遮阳棚。最高处还有一圈柱廊，供卫士和管理棚顶的人员休息。竞技场全用砖石、水泥来修筑，底下两层是用巨型石柱和石墙，可承担巨大的压力，拱顶用水泥和砖修建的，牢固耐磨，上面两层全是用水泥，外表再用华石进行装饰。重量自下而上逐渐减轻，下层最牢固，但上层也很坚实。所以罗马人会有"科洛塞穆永不倒"的谚语。

△ 古罗马圆形竞技场

竞技场的中心是表演区，场地呈现椭圆形，长达86厘米，宽约57厘米，奴隶们在此表演角斗或者用来斗兽，以娱观众。因为表演区地势很低，距离最前排的贵宾席还低5公尺，所以可以灌满水用来表演舟船海战。恐怕现在的体育馆也很少有这样多功能的表演区。

不要以为表演区是竞技场的最低层，像大轮渡一样，在表演区下面还有地下室呢！大约有80个房间，设施齐全，上面有厚实的木板，下面有排水的管道。房间分别为乐队室、道具室、角斗士医务室、兽栏等。这么一个庞大的竞技场，5万观众蜂拥而至的时候，罗马人是怎样保证入场的秩序的，观众是如何入座的呢？罗马史书中有这样的记载：

"皇帝和他的全家坐在光彩夺目的包厢里；元老和骑士各自有特别的座位，他们穿着特殊的紫色镶边的礼服；战士和市民分开就座。如果平民要坐在底部两排重要的位置上的话，那他就得穿上庄重的白羊毛制作成的宽外袍，这是公民合乎礼仪的衣服。已婚男人和单身汉分开就座。男孩子们单独坐在一个区域，他们的老师紧靠着他们坐在邻近的位子上。

"妇女们、穿灰褐色衣服的贫民和穿丧服、戴孝的人只能坐或者站在竞技场的顶层。神甫和修女们坐在靠前面的位置。衣着的不同和行列的隔离，强调了在这个场合正式礼仪的成分，正如严格的排列座次反映了严峻的罗马社会阶级差别一样——你应该坐在哪个位置上，在哪个位置上就一定能看到你。"

科洛塞穆竞技场的宏伟壮观，使它在日后的古典建筑中备受青睐。

它的外部共分4层，除最上一层保持开有小窗的墙面外，其余各层都开以拱门，每层80拱，3层共有240拱之多，远看气势宏伟，近看则拱门叠错，虚实相间，而每个拱门两边用古典柱子夹插并立所形成的柱式——拱门联合结构，则将建筑的力度与美感结合起来，相得益彰。当时，罗马建筑已经充分的运用希腊古典柱式的技巧竞技场的第一层拱门用质朴坚实的多利亚柱式，第二层拱门用秀美的爱奥尼亚柱式，第三层采用华丽的科林斯柱式，第四层墙面则用了罗马人偏爱的方倚柱。这样由低到高，由坚实到轻巧富丽，建筑本身的功能和装饰的节奏便得到了极好的配合。而且，第四层的墙端立柱虽起支撑遮阳棚的作用，更主要的是增加建筑外观的美感，使建筑整体虚实相间的配合显得更有气韵。

建筑史学家认为，以层层柱式分割建筑立面的做法，具有独特的妙处：建筑经分割而显得秀巧，它可使人在庞然大物般的建筑面前感到亲切而悠然自得，从而表现出古典的人文主义精神。

面对如此巨大的建筑，任何人都可能感到气馁，感到人的微不足道。罗马的建筑师在构思竞技场的时候也会想到了这一点。

他们一方面让罗马市民欣赏到了他们创造的宏伟，同时又要避免人们跟庞然大物相比产生的渺小感：当人们只同圆柱和框椽构成的单个矩形拱门相比时，人就显得大多了！而且这样，罗马公民还能感到他自身是竞技场所代表的巨大帝国的一个有意义的组成部分，反而会产生一种自豪感呢！

自此以后，柱式和拱门结合以分割或组织建筑立面的艺术，成为古典建筑传统中极为重要的一部分。文艺复兴以来，西方各国的艺术家、建筑家总是在科洛塞穆的废墟中流连忘返，也许这座建筑的特殊艺术构思确实能给人以无限的启发和灵感吧！

死城"埃伯拉"之谜

　　1962年，22岁的意大利考古学家保罗·马蒂埃带领一支考古队来到叙利亚考察。吸引马蒂埃不远万里来叙利亚的是时常在马蒂埃眼前浮现的一个用灰色玄武岩雕成的狮子和一个盆子，盆的周围刻有行军的武士和宴会的情景。

　　这个狮子和盆子，是7年前一个叙利亚农民在居住地附近的沙漠里偶然挖掘到的。然而，在马蒂埃眼里，那不寻常的行军武士宴会情景，似乎时刻在向他叙说一段不平常的历史。于是，马蒂埃冲破各种阻力来到了当年发现石狮和石盆的地方——叙利亚境内一个称为马蒂克村附近的大土包前。

　　1964年9月13日，发掘工作正式开始。4年后，一块玄武石雕刻成的无头男子像，被发掘了出来，这尊属公元前2000年的人像服饰高贵，仪态大方。雕像的两肩之间，刻有26个阿卡德楔形文字的字迹，译成现代文则是："埃伯拉国王伊贝特·利姆，把这尊雕像贡奉给阿斯特尔神殿。"这行字迹令马蒂埃激动万分，因为他已经意识到，他可能发现了一座像特洛亚一样文化发达的古都名城。

　　1967年，发掘现场显露出了一个王宫遗址，王宫周围还环绕了一道又高又厚的城墙，一段长15米的城墙仍大体保持着当年的模样。不久，在城内的一个小房间内，又发掘到42块散落在地下的碑牌，上面的楔形文字内容，再次证实了这里的确是埃伯拉城——消失了的古埃伯拉王国的首都。一年之后，最具有历史意义的发现发生在古都内的另外几个房间中。考古队先是在一个房间内发现了大约15000块泥版文书，随后，又在另外两间房屋里找到了大约16000块的泥版文书。数量多得惊人的泥版文书让马蒂埃目瞪口呆。马蒂埃事后回忆道："我好像在看一个陶土碑牌（泥版文书）的海洋。"

△ 埃伯拉古国遗址

　　意大利铭文专家佩蒂纳托博士对埃伯拉的泥版文书进行了长期的深入研究和考证，提出了许多推测和论断。他认为，有些泥版文书至晚是写于公元前2500年，而早期泥版文书是出现于公元前3000年左右至公元前2500年以前。有一部分泥版文书上写着真正的苏美尔语。据此推测，当时埃伯拉国大约是以苏美尔语作为官方语言的。另一些泥版文书上却是用苏美尔文字书写的一种古老的闪语。闪语是西亚的塞姆（闪族）方言。有些学者据此推测埃伯拉国最古老的居民可能就是塞姆（闪族）的一部分，民间语言属于塞姆语系。

　　泥版文书写有成千的人名，5000多个地名，其中提到较多的是启什和阿达卜。有一块泥版文书上写有260座古代城市的名字，这些城市历史学家迄今还未听说过。另一块泥版文书上写有70种动物的名称。一些泥版文书上写有很多指令、税款和纺织品贸易的账目以及买卖契约。由此可以推断，当时埃伯拉国的工商业相当发达。

　　由于泥版文书的被认读，一个古老文明的国家的奥秘逐步展示在现代人面前。

从大量泥版文书中可知，在公元前3000年代的一段时间里，埃伯拉曾是中东最强大的国家，它是以一个城市（政治、经济和宗教的中心）为中心联合附近一些村庄和城镇而形成的，故被学者称之为"城邦国家"，到公元前2300年前后，埃伯拉达到顶峰，成为拥有近30万人口的大国，在中心城市里便聚居着3万多人。国内王室奴隶制经济、神庙经济和世俗贵族的私有土地制得到迅速发展；相反，原来有影响的农村公社土地制遭到严重破坏。为了继续扩张自己的势力范围，控制幼发拉底河流域，埃伯拉在公元前2500年至公元前2800年期间频繁地发动战争，侵占过邻近的很多城市。有一块泥版文书上列举了260座古代城市的名字，有些学者猜测，这260座城市可能曾被埃伯拉的军队征服过。其中，有个叫马利的城邦国家，泥版文书中有500多处更是明确地记载下了马利如何在埃伯拉强大的军队面前被征服，成为附属国的经过。然而，在这以后的数十年间，埃伯拉却在与另一大强国阿卡德的战争中两次败北，埃伯拉城先是被掠夺一空，继而被彻底烧毁。

此后埃伯拉虽几经兴衰，却再也没能恢复往日的强盛，直到公元前1600年左右便在历史上消失了。

无疑，埃伯拉的复出是一件大事，如美国《新闻周刊》所说："这一新的发现使人类对于文化、历史知识的了解产生了剧变。"然而，由于泥版文书那古老的塞姆语文字并没有被全部破译，所以埃伯拉在许多方面尚属历史之谜。尤其是埃伯拉王国的灭亡及它在历史上销声匿迹的全部原因是什么，埃伯拉人的去向及其后裔何在？当今哪一种文化才是埃伯拉文化的继承者？这些历史之谜还远没有得到满意的解答，等待有志于认识埃伯拉文化面貌的人们去进一步探索。

楼兰古城失踪之谜

　　1900年春的罗布泊，大漠凝霜。月色之下，只有一位名叫于得克（译音）的维吾尔族农民在渺无人迹的黄灰色沙漠中行走着，边走边焦急地寻找着什么。原来，于得克是为瑞典探险家斯文赫定率领的探险队拉骆驼的。探险队的目的是对中国新疆沙漠地区进行考察。沿着叶尔羌河和塔里木河向东，在横穿塔克拉玛干大沙漠之后，他们踏入了这块陌生的罗布泊地区。就在这里，于得克把队中唯一的一把铁铲丢失在了头天晚上宿营的地方。强烈的责任心驱使于得克冒着危险独自一人回去寻铁铲。途中，罗布泊的狂风突起，飞沙走石使于得克迷失了方向。危急时刻，一座古城的残垣断壁从被风吹去的沙土间显露了出来。奇景突现，使于得克忘掉了恐惧与疲劳。在古城废墟中，于得克随手捡起几枚古钱和两块经过雕刻的木板，第二天赶回探险队。立刻，整个探险队都沸腾起来，斯文赫定闻讯后惊喜得"简直有点儿头晕了"。然而，探险队当时的粮食与水已经所剩无几。能不能保证探险队走出沙漠都成了问题，更谈不上支持探险队返回古城废墟考察，只得决定第二年再来考察。然而，就连这一决定也差点儿落空，归途中，严酷的大沙漠吞噬了斯文赫定的3个箱子和7峰骆驼，斯文赫定本人也死里逃生，只穿一条裤子狼狈不堪地爬到一条河的河畔，被当地农民救了性命。

　　上述情景并非出自某部小说或电影，而是斯文赫定本人在《长征记》一书中记述的他本人的亲身经历。

　　1901年，斯文赫定率领考察队，在渺无人烟的罗布泊地区，找到了楼兰古城遗址。发现了用木材建造的、墙壁用芦苇束或柳条编织、上面涂有黏土的古房屋，挖出了一尊高约1公尺的佛像以及一座庙宇的残骸，收集到了许多精美的雕饰、丝绸织品、钱币、器皿、几管毛笔以及大量用汉文和其他文字书写的木简和文书。从此，在历史上已消失了1000多年之久的楼兰古城开始重见天日。

后来，斯文赫定把他发掘的文物交给孔拉特教授进行研究。孔拉特教授于1920年发表了论述楼兰古

△ 楼兰古城

城的专著，称赞楼兰古城的兴衰是"一页精美的世界史的纪念碑"。

楼兰古城的发现，简直轰动了全世界，很多学者把它喻之为"沙漠里一颗光辉灿烂的明珠"。1906年英国的斯坦因，1910年日本的桶瑞超，1920年和1924年中国学者黄文弼等都相继前往楼兰进行考古、发掘，继续发现了大量极有价值的历史文物。一些国家纷纷派遣学者到楼兰古城，借考察之名，实际上进行偷盗文物的活动。在一些外国的博物馆里，至今还收藏着他们当年从楼兰古城抢劫去的文物珍品。

新中国成立后，中国许多学者对举世瞩目的楼兰古城进行了大量的研究和探讨。自1979年以来，新疆社会科学院考古研究所的科学工作者多次深入到楼兰古城所在的罗布泊地区，调查并发掘了楼兰城郊及孔雀河下游地区不同历史阶段的楼兰墓地。为了搞清楚楼兰遗迹的分布情况和寻找去楼兰古城的地面通路，中国考察队曾分为东、西两路同时进行；东路从甘肃敦煌出发，经后坑，越过盐层银白的龙堆，转土垠，插向西南至楼兰，着重古"丝绸之路"楼兰东线的考察。西路向东沿孔雀河北岸，再深入陵兰古城通过多次考察，取得重要收获。

楼兰古城位于罗布泊西北角。罗布泊古称蒲昌海，又名盐泽。在历史上，罗布泊曾接纳了从塔里木盆地流来的众河之水，西部主要有塔里木河、孔雀河、车尔臣河，东部主要有疏勒河，所以，蒙古语称它为"罗布诺

尔"，意即"汇入多水之湖"。罗布泊作为举世闻名的一个历史的概念，在我国古代史籍中早就见诸记录。成书于春秋战国时期的、我国最早的一部地理学著作《山海经》，曾经多次提到罗布泊，称罗布泊为"拗泽"，以为这里便是黄河的源头。可见当时罗布泊水量之大，影响之大。至于罗布泊畔的楼兰城，虽然今日只剩下残垣断壁，但仍可以看出，楼兰古城当时基本上呈正方形，东面长约333.5米，西面和北面各长约327米，南面长约329米，总面积约为108240平方米，颇具规模。从文献资料上看，秦末汉初，楼兰是一个约有1.4万人口、2900名士兵的国家，匈奴族冒顿单于占领了包括楼兰在内的西域诸国。

汉文帝时期，匈奴族冒顿单于致书汉文帝，来书谓已破大月氏、楼兰、乌孙诸国，"诸引弓之民并为一家"。当时的楼兰是匈奴控制下的一个属国，张骞通西域后，西汉政府派往西域的使者往来不绝。使者经过楼兰国时，楼兰国统治者勾结匈奴劫杀西汉的使者，并对往来的商贾、牧民等，造成极大的威胁。到汉武帝时，西汉政府派遣将军赵破奴率领军队进攻楼兰，楼兰兵收降汉，并将楼兰国王子充做人质押往长安。汉朝加强了对楼兰的控制。公元前104年，武帝以李广为将军，出击大宛，经过4年战争，征服大宛。从此，大宛以东诸国与汉使臣往来频繁。为了交通便利，汉太初四年（公元前101年），西汉政府从敦煌西至盐泽（罗布泊）之间沿路设驿站。

西汉著名史学家司马迁在《史记》一书中记述："楼兰、姑师邑有城郭。"盐泽是当时对罗布泊的称呼，司马迁这段记述的意思是说：在罗布泊周围有楼兰、姑师两个国家，都建有城郭，当时楼兰国畏于汉朝的军威，表面上服从汉朝的管辖，但暗地里却与匈奴勾结。汉武帝死后，楼兰国王公开叛汉，归属匈奴。公元前77年，派人到楼兰国，刺杀了不顺从汉朝的楼兰王，立其弟尉屠耆为王，并把楼兰国名改称为都善，将国都从罗布泊西北岸迁至南岸（今新疆的若羌）。由于国都的南迁，使都善国（楼兰国）在政治上远离了当时统治漠北的匈奴，从而才安定了一段相当长的时期。汉朝政府在楼兰国的旧都一带，设都护、置军侯，开井渠，屯田积粮，使楼兰国的旧都成为一个军事、经济、交通的重要城邑，成为古代"丝绸之路"南道上的一个重镇。西汉末年，政治腐败，难顾丝路要塞，加之匈奴势力复起，致使楼兰国又投向匈奴。直至公元73年，班超率吏士36人出使楼兰国，并乘夜袭击北匈奴使者营地，斩杀其使者，击溃其使者团，才促使楼兰王决心归汉。此后相当长时期内，楼兰仍是东汉控制的一个重镇。

楼兰的经济文化是独具特色的。楼兰汉简记载了与屯田有关的仓库名称以及当时从内地迁到楼兰地区的军垦人员携带家眷等情况，反映了楼兰地区屯垦的组织及规模。木简记载清楚地说明：当时楼兰是一个重要的农垦中心，这里普遍使用牛耕，广泛引水灌田，十分繁荣。在意识形态上，当时的楼兰佛教盛行。据法显行经当时的统计，"可有四千余佛僧"，"国王奉佛"。楼兰古城出土的佛塔从实物方面证实了法显的估计。楼兰还是一个手工业技艺发达的古城。废墟中发现的建筑材料上，雕刻着造型奇特的花纹，出土的大批丝、毛、棉、麻织物图案，色泽鲜艳，形态生动，栩栩如生。至于各种金银宝石首饰，更是镶嵌精细，造型美观。显示了古代工匠的杰出才华和卓越的创造力。楼兰文化处处闪烁着东西文化交融的色彩。如来自叙利亚和罗马的玻璃器皿；带有印度、波斯的狮子头图案的陶器等。特别值得一提的是出土的钱币，其中除了西汉、东汉的各种古币外，还有大月氏的铜币和来自外地的海贝、海蚌、珊瑚等。古城一切充分显示了楼兰在东西文化交流史上地位之重要，和楼兰能够容纳各种文化而丰富自身的活力。

奇怪的是，这一地位显要、声名赫赫的楼兰古城，在公元4世纪之后，却在历史上突然销声匿迹。以至唐朝高僧玄奘于公元7世纪中叶路过楼兰故地时见到的竟是"国久空旷，城皆荒芜、城郭巍然，人烟断绝"的萧条景象。科学家们综合大量考察结果，对古楼兰的突然消失作出了种种假想。

南美史前巨画之谜

在秘鲁南部有一片荒凉的平原——纳斯卡平原。在这片辽阔的原野上，有一处令人难以理解的奇迹。在方圆50平方公里内，用卵石砌成的线条纵横其间，勾画出巨大的鸟兽和各种准确的几何图形，从高空中看就好像是用巨人的手指画出来的。

有人说，南美是个用谜铺成的大陆，其中最难解的谜之一，就是纳斯卡平原的史前巨画。

1939年，纽约长岛大学的保罗·科孛克博士驾驶着他的运动飞机，沿着古代引水系统的路线，飞过干涸的纳斯卡平原。突然，他好像看到平原上有着巨大而神奇的、好像是平行的跑道似的直线图案。不错，确实是平行的跑道！因为它有着明显的起始点和终止点。科孛克博士简直不敢相信自己的眼睛，他又一次仔细地观察这些巨大的图形，不得不惊叹地说："我发现了世界最大的天文书籍。"

科孛克博士这个惊人的发现，很快在世界各地引起巨大的反响。考古学家和科学家们也纷纷相继前往，特别是德国天文学家玛丽亚·赖希小姐，自从她被这些神秘的图案吸引后，就再也不愿离开这块土地，并为此献出了她毕生的精力。赖希小姐从这片平原上认出了数百个三角形、四角形或平行的跑道。那些巨大的交织排列的直线，有时彼此平行，有时呈文字形，她发现有很多又长又宽的条纹横贯其间，有的像道路，有的像方格、圆圈、螺纹。看上去如同蜥蜴、狮子等，还有许多叫不出名字的像是某些植物，只不过植物的具体形态被省去了，只剩下简练的线条。

在这些千奇百怪的图案中，有一幅著名的蜘蛛图。这只46米长的蜘蛛，以一条单线砌成，是纳斯卡最动人的动物寓意图形之一，这幅图可能是某个

△ 南美史前巨画

特权阶层的图腾，也可能是纳斯卡人崇拜的星座之神。

另一种有名字的图案就是鸟图，在纳斯卡荒原上砌着18个这种鸟图。鸟图尺寸非常巨大，长27米至37米不等。一条约3米的太阳准线，穿过这幅宏大的鸟图中128米长的翼展。在纳斯卡出土的部分陶器上，也发现有类似的鸟。更奇怪的是，在皮斯科海湾附近的一座光秃秃的山脊上，刻着一个巨大的三叉戟图案。而当时的印第安人却从未见过三叉戟图。这又是怎么回事？

构成这些图案线条的是深褐色表土下显露出来的一层浅色卵石。据专家计算，每砌成一条线条，就需要搬运几吨重的小石头，而图案线条中那精确无误的位置又决定了制作者必须依照精心计算好的设计图才能进行，并复制成原来的图样。而当时的纳斯卡居民尚生活在原始社会，那么这些巨画是怎样制作出来的？玛丽亚·赖希认为，古代居民可以先用设计图制作模型，然后把模型分成若干部分。最后按比例把各部分复制在地面上。而另一些人则认为，这些巨画是按照空中的投影在地面上制作的。这样解释虽能比较直截了当地解决设计和计算的困难，但却引出了更多的疑惑。因为古代纳斯卡人不可能掌握飞行技术，那么，是谁在空中进行投影呢？

对巨画制作方法的不同解释也联系着对其作用的不同理解。这是个令全世界考古学家都感到困惑的难题。有人说，纳斯卡平原的直线与某种天文历法有关，因为这些图形中有几条直线极其准确地指向黄道上的夏至点。也有人说，图案中某些动植物图形是某些星座变形的复制品，而那些长短不一、形状各异的线条，则是星辰运行的轨道。

还有一种观点认为，根据美国航天飞机拍下的图片，只有从300米以上的高空中才能看清这些巨画的全貌，因此，巨画只能是为从空中向下观看它的人绘制的。而在遥远的古代，有谁能从高空或太空中观看这些巨画呢？以《众神之车》的作者冯·丹尼肯为代表的一些人认为，这是天外来客光临地球时在他们的降临地建起的跑道。但也有人指出，从现代航天技术看，航天飞机是不需要跑道的。

纳斯卡平原贫瘠而又荒凉，这里每年最多只下半小时雨，有人估计，这里也许1万年间没有正式下过大雨，而使那些神秘的图形能历时数千年而依然完整无损。美国航天总署也为这里的恶劣生态环境而震惊，感到它与火星上的环境有些类似，曾专程派人研究这个地区，想用它来进行火星生命能否生存的实验。

与干涸荒凉的地理环境相应的是，这里的土著居民社会发展程度十分低下，有些领域至今还停留在石器时代。这与巨画所表现出来的高度的设计、测量和计算能力，以及对几何图形的认识程度，无论如何都令人难以联系在一起。无法想象，这些至今对巨画仍毫不理解的土民，竟早在数千年前就创造了这些向天空展示的作品，他们是在炫耀自己的才干，还是在呼唤某种生灵的再次光临？

没有任何解释，可以给这些巨画作一个圆满的回答。

大西洲沉没之谜

在西方世界的种种疑谜中，最能拨弄人们玄思遐想的莫过于亚特兰蒂斯大西洲了。这块在遥远的过去突然失踪了的陆地，随同它光辉灿烂的文明，究竟到哪里去了？千百年来，人们一直怀着浓厚的兴趣，孜孜以求，寻找着它的踪迹。科学家为此写下的论文和专著成千上万，内容涉及历史学、考古学、人种学、地理学、地质学、气候学、生物学等各个领域，俨然自成一门新科学——"亚特兰蒂斯学"。时至今日，关于亚特兰蒂斯的下落仍是众说纷纭，莫衷一是。

公元前350年，柏拉图在他著名的言论集中写道：远古时代，海峡彼岸有岛，人称其为"大力神天柱"。岛的面积比小亚细亚和利比亚之和还大……岛名亚特兰蒂斯，岛上有一个伟大而美好的王国。

此外，柏拉图在另一本书中，对亚特兰蒂斯岛及其风土人情作了进一步的描绘，这是一座热带岛屿，方圆154000平方英里，人口估计有2000万。岛的北部，崇山峻岭绵延不断，形成一座天然屏障。

在公元前12000~9000年期间，亚特兰蒂斯人是当时那个半球文明世界的主宰，统治着东起埃及、西至意大利的地中海帝国。后来，亚特兰蒂斯岛遇到飞来横祸，经过整整一个可怕的白天和黑夜翻天覆地的变化，终于被大海吞没了。

如果真像柏拉图所描绘的那样，大海吞没了亚特兰蒂斯岛，难道就没有一点一滴可供稽考的遗迹吗？尽管目前对这个问题还不能作肯定的回答，但某些令人费解的自然之谜，却是值得深思的。

首先是欧洲鳗鱼的奇怪回游习惯；其次，远隔重洋的埃及金字塔和中南美洲的金字塔在结构上，何其相似！更耐人寻味的是，西班牙的巴斯克人和南美洲的玛雅印第安人之间又为什么也有惊人的相似之处？更引人注目的是，自从有了海洋学，人们才对海底有了一个较全面的认识。发现整个大西洋海底被一条9000英尺高的海底山脊分割成两部分。这条海脊的北部从冰岛开始，蜿蜒南下，它的南部直抵南极大陆架。但在亚速尔群岛附近，它变得宽阔广大，巍然隆起，由东至西的宽度几乎达250英里，南北长达678英里。在这一段海底山脊的北部，有不少海底火山，其中有些火山的山峰戳破海面，突兀而出，形成了现在的亚速尔群岛。海面之下的这块亚速尔高原，无论其大小还是形状，都与柏拉图笔下的亚特兰蒂斯岛极其相似。而且，从海底800米深处取出的岩芯表明，在12000年前，亚速尔海底高原是一个陆地。

因此，史学家墨克大胆地设想：柏拉图所说的亚特兰蒂斯岛，可能就是现在的亚速尔群岛下面的海底亚速尔高原；他所说的海峡，那就是现在的直布罗陀海峡。根据这个设想，墨克对上述自然之谜进行了较为圆满的解答。欧洲鳗鱼奇怪的回游习惯，是因为当时亚特兰蒂斯岛离马尾藻海最近，岛上的淡水河流为这些鳗鱼提供了免遭海兽袭击的天然安全地带。于是，它们就纷纷游到这里来避难，久而久之，养成一种天性。尽管亚特兰蒂斯岛早已沉没，但这些鳗鱼却在天性的驱使下，一如既往，顺着墨西哥湾流，千里迢迢去寻找避难的天国，竟不知游到了遥远的欧洲。埃及金字塔和南美金字塔以及巴斯克人与玛雅印第安人的惊人相似，那是因为地处欧美之间的亚特兰蒂斯岛在当时起着交流两大洲文化的枢纽作用。

然而，对于亚特兰蒂斯岛的地理位置，在学术界仍有争议，有的说它在瑞典，有的说它在地中海的克里特岛，有的说它在南非，有的说它在拉丁美洲的巴哈巴群岛，还有的把它说成在亚洲的斯里兰卡，而且各种观点又各有其依据，因此，亚特兰蒂斯究竟在哪儿，人们仍在探索着。

根据柏拉图的记载，亚特兰蒂斯岛是在一昼夜之间，经历了翻天覆地的变化后，最终被大海吞没的。那么，是什么原因使这么大的海岛在24小时内沉没的呢？

1930年，在对北美大西洋沿岸进行的一次航空测量中，发现在南卡罗来纳州查理斯顿市的附近海岸，酷似一个弹痕累累的战场，地面上斑斑点点，布满了大约3000个圆形和椭圆形的洞口，它们很像是来自西北方上空的许多巨砾袭击的结果。另外，从海底地形上发现，在波多黎各岛附近有两个深达30000英尺，方圆277000平方英里的凹陷地带，地理上称它为波多黎各地沟。

△ 亚特兰蒂斯想像图

究竟是什么原因造成如此巨大的海底地沟和那数以千计的凹陷痕迹呢？

墨克大胆地把这些凹陷、地沟与柏拉图的记载联系了起来。他认为大约11000年以前，阿多尼斯星组是一组沿着极不正圆的轨道，危险地绕着太阳运转的星团。这个星团中有一颗小行星A突然脱离星团，它像一枚巨型火箭，以雷霆万钧之势，从西北方向扑向地球。根据波多黎各地沟的大小，估计这颗魔鬼般的小行星A，直径大约有6英里。

就是这个小行星A给地球带来了无数灾难：地震、全球气候变化、洪水以及亚特兰蒂斯的沉没。

人类大约经过3000年的时间，才从小行星A所造成的这场浩劫中恢复过来。到公元前4000年左右，当人类重建文明的时候，对柏拉图粗陋记载的亚特兰蒂斯岛，变成了不过是一个虚无缥缈的名字，它所创造的科学、艺术和语言的痕迹，早已荡涤殆尽。于是，亚特兰蒂斯岛就成了历史的哑谜。看来，人类需要艰苦地积累用来探索海洋深处和发现天体中出轨的行星所依据的科学知识。到那时候，亚特兰蒂斯沉岛之谜方能真正揭开。

苏美尔文明之谜

美索不达米亚平原是人类文明最早的发祥地之一，这里曾经哺育了包括古巴比伦在内的许多古代文明，但是最初的文明源头要追溯到公元前4000年的苏美尔文明。

苏美尔人很早就掌握了丰富的知识和高超的技术，他们在两河之间修建了复杂的水利系统，驯服了时常泛滥的河水。他们发明了楔形文字，记录下许多神话、史诗、演讲词等作品，还发明了1~5的数字，历法也相当先进。他们还建立了一套较为完备的法律体系，著名的汉谟拉比法典就是后来的巴比伦人根据苏美尔法典订立的。

关于苏美尔人的来源众说纷纭，有些人认为这种发达的文明只能来自外星球，这一点可以从苏美尔人的传说中找到影子。还有的人说他们的祖先是降落到人间的众神子孙，从一些古老的史诗中也能发现类似描写空中飞行的词句段落。但更多的人则坚持认为苏美尔人是某个古老民族的一支。他们的神庙往往建在由泥砖堆起来的建筑物上，看上去像坐落在群山之巅，于是有些学者猜测他们来自东方的山区。从出土的一些图章看，苏美尔与古印度文明的图章风格极为相似，所以有人认为他们与印度人有某种联系。还有人从语音考证，认为苏美尔人可能来自中国。

考古材料证实，苏美尔人是最先进入美索不达米亚平原的古代民族，因为他们是来自远方的黑发种族，在他们带来的石碑上的铭文中，自称为"黑头"。美索不达米亚的两条大河流携带着泥土构成肥沃的三角洲，苏美尔人来到这里建立了国家，他们发现这里既没有故土那样的石头存在，也没有埃及那样的纸草生长，于是便发明了一种独特的书写方式：将软泥做成泥版，然后进行书写，书写完毕以后烤干以便文书的保管。由于他们在书写的时候，是采用尖头的笔，因而写出来的字是楔形的，这就是著名的楔形文字的起源。

那么，苏美尔人是从何处来到美索不达米亚平原的呢？出土的苏美尔人最早的建筑物是按照木结构原理建造的，而木结构建筑通常只有在树木茂密的山区才被广泛采用，所以有人认为可能是从伊朗高原而来，也有人推测是从大海而来，但在苏美尔女王舒伯·亚德的陪葬品之中，却只有一艘长约0.6米而且只能在幼发拉底河上航行的小船模型，找不到大海上航行的船只遗存。

△ 苏美尔人雕像

有的研究者认为可以在从阿富汗山区到印度河谷的居民之中，来寻找苏美尔人的踪迹。这一区域大约在美索不达米亚平原以东2500公里的半径以内，这个假设似乎很快就得到了考古学者的证明。在印度河河谷发掘出了一个高度发达的古文化遗址，其出土文物之中，有几个长方形的印章，从制作外观和图案风格看，都与吾珥古城遗址中被挖掘出来的印章十分相似，吾珥古城位于今幼发拉底河的泰勒盖那尔，是苏美尔人公元前4000年左右建立的，据说是《圣经》中亚伯拉罕一族的故乡。但人们始终不解的是为何在民族神话中没有留下一丝线索，文化典籍里也没有保留一点记载呢？虽然考古发现证实了苏美尔文化的存在，但苏美尔人从何处来的问题却始终得不到解答。

此外，考古发掘还发现了很多阶梯形金字塔，这些金字塔的用处何在呢？根据泥板上的记载，这些金字塔是用来进行祭祀的，因为他们的神总是高高地居于神山之巅，需要在金字塔顶祈祷才能接近神的宫殿，使神便于接受人的膜拜。这种祭祀方式，在美索不达米亚平原上的影响迅速扩展开来，并保持数千年之久，从巴比伦王国到亚述王国，随处可见这样的金字塔，其

△ 苏美尔人的文字

至连《圣经》里的巴别塔的外形也是阶梯形状的。

苏美尔人留下来的典籍和图案之中，所记录下来的苏美尔人的诸神形象，据说都与天空中的星星有关。这些神的形象没有一个具有人形，每一个神代表着一颗恒星，每一颗恒星周围还环绕着大大小小的行星，整个星相图与现代人测绘的星空图几乎一模一样！在一些图案上面，有一些人头戴星星，还有一些人驾驶着展翅的飞球，甚至还有这样一个图案：一串虚实相间的小圆球环绕成了一个大圆圈，看起来好像是一个基因模型，如果这样的想象并非夸张，那么苏美尔文明的发达程度还需要我们重新审视！

苏美尔人对于数字的运用，可以说已经达到了令人难以望其项背的地步：在金字塔附近找到的一块泥板上，开列出了一道由两个数字相乘的计算题，其最终乘积如果用阿拉伯数字来表示，结果竟是一个15位的数字195 955 200 000 000，这就是距今6000年以前的苏美尔人已达到的数学知识水平。

与此对应的是，公元前500年左右的希腊人，还认为10000这个五位数字，简直是一个"大得无法计算的值"，凡是超过了10000的，就被称为"无穷大"。多位数字对欧洲人来说，一直到公元1600年以后，才由笛卡儿、莱布尼兹等数学家兼哲学家最先用于计算，而在西方一般人的概念之中，只是在进入19世纪之后，人们才开始对多位数有所认识，以至于百万富翁这个称呼，成为拥有不计其数的财富的最大富翁的代名词。

苏美尔文明是如此的辉煌，它的先进性让现代人感到不可思议。人们始终不解的是，究竟是一种什么样的力量创造出这样的文明？难道真如人们所猜测的那样，这是外星球力量的杰作？

古印度文字之谜

中华文明、古巴比伦文明、古埃及文明和古印度文明是四大古文明，它们都在4000年以前创造出了自己的文字，其中，古巴比伦文明的文字以苏美尔人文字为代表。苏美尔人用小棍在湿泥板上按压出楔形文字，晾干后保存。古埃及人则是用小棍儿之类的东西在沙盘上画出象形文字，然后再誊写在羊皮或布上，因为沙盘上的文字是无法保存的，之所以如此，可能的原因是那时还没发明笔，只能用细木棍之类蘸着墨水一点一点地描，无法写快，存世羊皮卷《圣经》可能就是古以色列人从古埃及人那里学来的方法。古埃及人后来发明莎草纸和鹅管笔，最终完成西方古代社会完善的书写体系。而最早的古印度文字是印章文字，至今尚没有发现古印度人是否把印章文字书写成文的证据，可能印章文字并没有记事记言的功能，后来印度人才在宽大的树叶上写字成文，例如佛经中的贝叶经。

印度河流域文明时期已出现了文字系统，但它没能流传下来，而是随着文明的消亡而消失了。关于文字起源，印度神话中有这样的故事：创造神梵天在创造了世界万物之后，觉得人们除了运用声音互相交流之外，为了避免遗忘，还应该有一种符号把已发生过的事记下来，于是他根据万物的形状创造了文字。这个故事虽不可信，但如果仔细看看印度文字，还真有那么几分相似！

20世纪20年代，人们在古印度人生活的地方，发现了许多保存在石器、陶器、象牙等物件上的奇怪符号，经过研究判断，这些符号是一些发音符号，同时还有一些表意符号，可以看做是古印度的文字，它们的年代在公元前2500年左右。但是，在印度古城哈拉巴、摩亨佐·达罗和罗塔尔出土的"天书"更让考古学家惊喜不已，这些"天书"是出土印章上的文字。印度发现的印章已达2500多枚，一般为2.5厘米长的正方形，制作材料有石质，陶土制作和象牙制作等。印章上的文字笔画主要有直线和曲线两种符号，方向为从右向左书写。

在摩亨佐·达罗发掘的一些石质印章上，发现了动物图案和一些模糊的奇怪的图案，有人推测这就是印度文字的雏形，但是专家们难以给出明确的答案。但是，比起出土的坟墓、废墟、残垣断壁，印章上的勾勾画画，无一不是向人们昭示着准确的信息！

印章上的图形主要是牛的形象和其他形状的图形。因为牛在古印度人的生活中扮演了重要角色，或许是出于对牛的崇拜的原因，才能在这么多印章上看到牛的影子。当然，在印度河流域的人们还

△ 古印度写满文字的树皮

崇拜天神，故而印章上还可以看到大象、羊还有山川等自然景物。地位尊贵的、显赫的人也把自己独特的标志刻印在印章上，这样随时都可以用印章。

古印度印章的刻画图形和文字符号，蕴藏着深邃的古印度文明，向世人传达着古老深沉的故事。专家们为了走进古印度的天堂，而努力地进行探索！赫罗兹尼认为印章上的文字属于印欧语系，但是20世纪70年代以来，很多新的研究结果表明它也许是印度土著的达罗毗荼语。通过研究，英国考古学家马歇尔于1924年9月得出结论，他认为印度古文明是土生土长的。1976年，美国学者费尔塞维斯综合各家的研究成果，认为印章文字体系已经发展到一定水平，属于古达罗毗荼语。但是，信服的论断依然缺乏，印章文字到底属于什么语系？它对印度河流域以外的文明有哪些影响？这些问题成为古印度文明之谜的重要一环。

印章是古印度文明的结晶，只有不断发现并破解印章上的玄秘或许才有望拨开迷雾。

土耳其人修建地下城之谜

土耳其卡帕多基亚的格尔里默谷地，看起来和月球表面很相似。这里的火山沉积物上矗立着奇形怪状的石堡。这些石堡是由火山熔岩硬化后，经过风雨浸蚀而最终形成的。

△ 土耳其地下城

早在公元8世纪和9世纪的时候，这里的居民便开始开凿石堡，将其作为居室。人们甚至在凝灰岩体上凿出富丽堂皇的教堂，在其中供奉色彩绚丽的圣像。然而，卡帕多基亚真正引起轰动的发现埋藏在地下，那就是巨大的可居住成千上万人的地下城市。其中最著名的一座地下城市就位于今天的代林库尤村附近。通往地下城市的通道隐藏在村子各处的房屋下面。人们在这里一而再、再而三地碰到通风洞口，这些通风洞从地下深处一直延伸到地面。

这个地区的整个地下都布满了地道和房间。地下城市是一种立体式的建筑群，它分成许多层。代林库尤村的地下城市仅最上面的一层，面积就达到4平方公里，5层空间加起来总共可以容纳大约1万人。

根据今天人们的猜测，当时整个地区曾经有30万人生活在地下，因为仅在代林库尤村一地就发现了52个地下城市的通气井和1.5万条小型的地道。最深的通风井深达85米。每个地下城市的最下层都建有蓄水池，用以储藏水源。

迄今为止，总共在这一地区发现了36座地下城市，现在人们已经绘制出了这些城市的俯视图。熟悉这一地带的人认为，地下城市的数量还远远不止这些。现在所发现的地下城市相互之间都通过地道连在一起。

令人不可思议的地下城市确确实实存在着，可谁是它们的建造者呢，它

△ 土耳其人修建地下城

们又是在什么时候建成的呢，建造这些地下城市的目的又是什么呢？对此人们有着不同的见解和推测。

有人认为这些地下城市是基督教早期信徒的避难所。最早的一批在公元2世纪或3世纪，以后一直延续到拜占庭时期，也就是阿拉伯军队围攻君士坦丁堡（今天的伊斯坦布尔）的时候。当时的基督教徒曾在这里躲避战乱和宗教迫害，然而他们并不是地下城市的最初建造者。地下城市在他们到来之前就已经存在了。

关于为何要修建这些地下城市也引发了人们的长期思考，人类为什么要把自己隐藏在地下呢。是出于对敌人的恐惧而被迫移居地底吗。谁又是他们极力躲避的敌人呢？

神秘的南·马特尔遗迹之谜

　　南太平洋波纳佩岛的东南侧有一个名叫泰蒙的小岛，在这个岛延伸出去的珊瑚礁浅滩上矗立着一座座用巨大的玄武岩石柱纵横交错垒起的高达4米多的建筑物，远远望去怪石嶙峋，还以为是大自然鬼斧神工留下的杰作，近看又仿佛是一座座神庙，这就是南·马特尔遗迹。传说这是居住在波纳佩岛上历代酋长死后的坟墓，大大小小共有89座，散布在长达1100米、宽450米的太平洋海域上，它们之间环水相隔，形成了一个个小岛。从高空俯瞰，犹如意大利的水城威尼斯。故而人们又把它比喻为太平洋上的威尼斯。

　　当地人们把这些巨大的石造遗迹叫做南·马特尔，按波纳佩语有两个意思，一个意思是"集中着众多的家"，另一个意思是"环绕群岛的宇宙"。这些遗迹一半是浸在海水之中，为此，人们只有在涨潮时才能驾着小船进入，退潮时，遗迹周围露出了一片泥泞的沼泽地，小船只能靠在附近，根本进不去。

　　与同在太平洋上的复活节岛上的石像遗迹相比，南马特尔遗迹鲜为人知，它那充满了离奇的传说，更使它蒙上了一层神秘的色彩，令人困惑不解。

　　有关埃及古代陵墓，最令人毛骨悚然的莫过于"法老的毒咒"了，无独有偶，在南太平洋波纳佩岛的南·马特尔遗迹也发生了类似的怪事。据当地人说，这些古墓的来历，从无文字记载，完全是靠口授，从酋长的世系中一代一代地传下来，只有酋长和酋长的继承人才知道，而且口授的内容禁忌向外人泄露，否则就将遭到诅咒，死神将降到他们的头上。

　　在日本占领期间，东大教授杉浦健一利用占领者的权势，强迫酋长说出古墓的秘密。几天以后，酋长遭雷击身亡。那位杉浦教授回到日本后，正打

△ 南·马特尔遗迹

算将记录的古墓秘密整理成书出版，还没等书写成就突然暴死。后来杉浦家族委托一位对印加人有研究的泉靖一教授继续整理出版，奇怪的是，泉教授不久也突然暴死，从此再也没有人敢去完成死者的这一遗愿。

类似的怪事，早在1907年在德国统治南洋群岛时也发生过。据说波纳佩群岛第二任总督伯格对南马特尔遗迹发生了兴趣，根据酋长的口授对伊索克莱凯尔酋长的墓进行发掘，可是下令还不到一天，就应验了不吉的预言，总督突然暴死。19世纪德国考古学家卡伯钠两次来波纳佩群岛发掘文物，结果同样遭到了极悲惨的下场。

这里变化无常的气候，也使人惊恐不安。20世纪70年代，日本海洋生物学家白井祥平曾来此调查。事后他回忆说："在阳光灿烂的一天下午，我们一行三人驾着机动船来到了一个当地人叫做'南·杜瓦斯'的小岛，只见眼前矗立着一座用玄武岩石柱垒起的犹似神庙的建筑物，石墙分内外两层。正当我们从外侧绕到内侧时，突然周围阴沉下来，我抬头仰望了一下天空，刚才晴朗的蓝天已消失，自己头顶上笼罩着一块不知从哪里冒出来的黑云，并且很快向四周延伸，接着电光闪闪，雷声隆隆，瓢泼大雨劈头盖脸地浇下来，我被这突然变幻的天气惊呆了。直到同行的人大声呼唤，我才从沉思中惊醒，发觉自己还傻呆呆地淋在雨中，大约过了5分钟，骤雨过去了，天空又立刻放晴。傍晚，我向哈特莱酋长谈起午后在墓地的惊遇，他不禁放声大笑，连连说：'这儿连一滴雨都没落下。'"

上面所说的几个例子，莫名其妙的暴死、变幻莫测的天气，更使南·马特尔遗迹笼罩着一种神秘的色彩。

近年来，不少欧美学者来此调查，大家对这项宏伟的工程是用人力完成的表示怀疑。据调查，整个建筑用了大约100万根玄武岩石柱，系从该岛北岸的采石场开凿，加工成石柱后用筏子运到这里。据专家们估计，如果每天有1000名壮劳力从事开凿，那么光是采石需要655年，加之，还要用人力加工成五角形或六角形棱柱需要两三百年，最终要完成这项建筑的话，需要1550年的时间。

现在，波特佩岛上有人口2.5万人，而南·马特尔遗迹建造的古代，人口还不到现在的1/10。据此，1000名壮劳力的人数差不多是动员了全岛所有的劳动力，何况，为了确保生存，还得抽调一部分人去从事农业劳动，因此专家们设想这项工程是很难凭借人力完成的。

有的考古学者认为玄武岩是岩浆冷却的火成岩，试图将建造遗迹用的五角形、六角形石柱解释成是冷却凝固成型的。但是，从实际石柱的表面来看，很难解释成是自然成型的。

另一方面，美国的一调查小组曾用C14对遗迹进行了年代测定。结果表明南·马特尔遗迹是在距今近800年前，即公元1200年左右建造的。公元13世纪初是萨乌鲁鲁王朝统治波纳佩岛时期，所以调查组设想环绕波纳佩岛的南-马特尔遗迹也许是作为该王朝的要塞修建的。萨乌鲁鲁王朝创始于公元11世纪，在经历了200多年的繁荣时期后灭亡了。因此，在这么短的时间内就完成南·马特尔建筑，怎么也不能使人相信。南·马特尔建筑也就成了一个未解之谜。

有不少学者对南·马特尔建筑遗迹之谜早就开始着手研究，提出了众多的假说。

1869年，驻印度的英国军官詹姆斯·拉奇伍德从一位高僧珍藏多年而从未向外人显露的几个泥塑板上破译出其中的记载：远古的太平洋上存在着辽阔的第六大陆，它包括东到夏威夷群岛，西到马利亚纳群岛，南到波纳佩群岛和库克群岛的广大区域，是人类最早的发祥地之一，距今约5万年前，繁荣一时，在1.2万年前因大地震而沉陷海底。拉奇伍德经多年考察认为，现今南太平洋上的无数岛是第六大陆的残骸，而南·马特尔遗迹就是泥塑板上记载的第六大陆文化中心的七城市之一——罕拉尼普拉。

长年从事波纳佩岛与第六大陆关系研究的詹宁不同意拉奇伍德的说法，认为第六大陆的真正文化中心是在现今夏威夷岛东北五六公里的地方。但他十分称道拉奇伍德破译泥塑板上所记载的内容的价值。他认为，泥塑板所记载的是2万年前古印度的历史，文中记述了当时已有像今天的飞机那样能在空中飞行的机械，与古印度梵语叙事诗"摩诃波罗多"中的记载相似，也可解释南·马特尔岛上流传的巨石建筑是外来的阿迪儿法伊兄弟用咒语驱动巨石飞来的神话。他认为第六大陆的文明科学与今天的科学不同，有控制重力的能力，今天印度瑜伽行者能使身体飘浮在空中的能力也包括在第六大陆文明之列。

由此，美国反重力工程学专家戴维认为通过反重力工程学的研究，也许可以揭开南·马特尔巨石建筑之谜。并根据爱因斯坦的统一论导出的音叉装置提出的声共振作用产生反重力的假说，企图以此来说明南·马特尔巨石建筑的巨石是平等互利用反重力控制法空运来的。他还指出阿波罗计划的登月舱装着的火箭只是为摆脱月球的重力，是一种军事上需要的伪装，而与此同时也使用反重力装置。

尽管假说众多，但也矛盾重重，疑点密布，可信度不高。研究发掘者暴死之真正原因是什么，第六大陆是否真正存在过，在南·马特尔的建造年代上哪家之说较为可信？这一切都有待进一步揭开！

会发声的石像之谜

　　差不多2000年前，希腊地理学家斯特雷波到埃及最吸引游客的胜地去参观，当时他的反应至少可说带点冷嘲热讽的意味。他记载说听到"一种不很用力打击而发出的响声"，他不能确定响声来自石像基部或由参观的游客发出，但肯定响声不是由石像本身发出。尽管如此，在以后200年间，那座著名的"发声孟农"石像仍然吸引众多好奇的游客纷纷前来参观，而很多人相信他们确实见到奇迹：每天日出时分，他们面前的孟农石像就"说话"。

　　发声孟农是埃及古都昔伯斯城两座巨像（名为"孟农巨像"）之一。昔伯斯位于开罗以南约500公里。公元前27年，昔伯斯城一带发生强烈地震，将其中一座巨像震毁。巨像腰部现出巨大裂缝，以致巨像上半截倒落地面。

　　地震过后不久，盛传那座损坏的石像在每天日出前后开始"说话"，于是不少人在黎明时分来到石像面前守候，希望听一听它说话的声音。

　　约公元2世纪中叶，另一位希腊地理学家保塞尼亚斯游览了昔伯斯。他在《希腊旅行指南》（此书为现存唯一古代旅行指南）一书中，表示对"说话"石像惊异不已。他写道："每天日出时分，石像就会大叫，游人每次把那响声与熟悉的声音比较，认为最接近竖琴或琵琶弦断的声音。"

　　但在昔伯斯街上溜达的游客相信他们曾经听见孟农的声音。孟农是传说中衣索比亚国王，据说他在特罗亚战争中被希腊英雄阿基里斯所杀。

　　游客对说话的石像悠然神往，达200年之久。然后，公元3世纪初，罗马皇帝西弗鲁斯（公元193至211年在位）也来到昔伯斯。西弗鲁斯治军掌政，阅历甚丰，对"说话"巨像的损毁情形十分关注，于是下令工程人员重造倒塌部分并且使整座石像恢复原样。但是从石像修复之日起，就再听不到孟农说话的声响了。

△ 发声孟农

那么石像怎么会"说话"呢？有一种可能的解释是：早上太阳升起时，其热力使湿冷石头的裂面作不均衡的扩张，随而可能引起某些部分发生震动，发出似乎有旋律的声音。或者是气流受热膨胀穿过石头的缝隙，因而发出声音。

有人怀疑石像发声现象是人为的，目的在耍花招，巧立名目，以保证赠礼与奉献源源不绝送到圣地来。也许昔伯斯城的祭司是腹语专家，或者他们在黎明前藏一个人在石像内；如果确属如此，这些人也真是太灵巧，太幸运了，竟然能够骗人那么久而不为人识破。

结绳记事之谜

印加人曾在南美建立起一个伟大的帝国，创造安第斯文明长达100年，统治区域从现在的哥伦比亚一直到智利，直到16世纪早期被西班牙人所征服。印加人留下了宽阔的道路、灌溉系统和宏伟的石雕艺术，但他们没有留下任何时代的记录文字。这个历史空缺使得现代人类学家百思不得其解，因为对于他们来说，文字语言是解读伟大文明的一个关键条件，然而印加人却没有文字，他们使用的是一种叫做葵布的记事方式。葵布的意思就是"结"，由打结的棉绳或羊毛绳制作而成，而且颜色多样，长短不一。印加帝国时代之前就出现了葵

△ 结绳文字

布，然而它由一种符号却成为印加人进行有效统治的工具。展开后的结绳看起来有点像草裙，在一条水平主绳上有上百条棉质和毛质的打结的多彩悬挂绳。古印加结绳文字似乎只是一条条彩色杂乱的绳子，然而越来越多的专家认为，古印加结绳文字中可能隐藏着印加帝国的秘密。

葵布表达意思的方式很独特，主绳上系上不同颜色、长度和复杂组合的绳子，他们到底表达了什么意思，也许只有制作它的人才能说得明白。1910年，美国自然历史博物馆的考古学家里兰德·洛克发现了所有葵布具有一个共同的特征："结"代表一个以十为基础的十进位的计数体系，"结"在绳

子上的具体位置就表示了它们的位数。举例而言，1705匹骆驼，表示的方法为：千的位置上打一个结，百的位置上打七个结，十的位置上不打结，个的位置上打五个结。葵布的另一个重要特征在于，打结的绳子上还有更多的小绳子，这些绳子大概表示某个信息所包含的分支信息。美国人种历史学家玛西娅和罗伯特·阿舍对发现的四百多个葵布中的半数进行了研究，他们认为葵布的颜色、结的位置甚至每个结本身就可能代表着概念、事物或者某种语言模式。

葵布在印加人的生活中扮演着极其重要的角色，它能够将帝国需要的各种数据进行排比整合。葵布的触角伸向社会生活的每一个角落，比如什么时间有多少提供劳役的人员等。借助葵布的功用，它被印加人用来进行财产、人口的普查，西班牙一位编年史的作者这样认为"葵布统治着整个帝国"，今天依然可以看到安第斯地区的人们使用原始的葵布记录收成数量。

但是葵布是如何管理的呢？在整个印加官僚体系中，葵布的作用就像一张网中的每一个网眼。它所包含的丰富信息，理解它的人必须是个会计、逻辑学家兼艺术家，这样说丝毫不夸张！保管葵布的人有着崇高的身份地位，据说可以"免除所有的税收和劳役"。印加帝国可能在努力尝试将葵布进行标准化——标准化在一个高度发展的社会中的作用不言而喻，但是这种尝试是怎样的情形不得而知，有一点是很明了的，标准化的努力失败了，那么葵布依然要靠制作它的人去解释。

葵布的保管和解释在印加帝国有着生死攸关的影响，这样也许有人会联想到葵布的保管者是否利用这种"专权"而胡作非为呢？是的，印加帝国为了杜绝出现葵布保管者的腐败，专门成立了监督检查机构来钳制他们。对于没有实现标准化的葵布而言，那么去监督葵布控制者的人难道也是精通葵布的人吗？或是一个兼通会计、艺术和逻辑学的人？否则的话，又如何监督他们并杜绝腐败呢。

古代流传下来的葵布的数量少得可怜，对研究造成了很大困难。16世纪晚期的时候，据西班牙史料记载，印加人用结绳记录了西班牙征服者在这个地区做的所有事情，然而西班牙殖民统治者认为有些绳子包含了历史故事、宗教秘密，传教士则把找到的葵布视作魔鬼，后来销毁了大多数的结绳文字，侥幸残余下来的葵布也在山区潮湿的气候中腐烂掉了！以至于研究学者至今无法将殖民时代的抄本与现存的结绳文字相匹配。还好在偏远地带的墓穴中，由于气候干燥，棉绳、羊毛绳能够得以保存下来，只不过这些结绳文字并不具备代表性，这是最大的缺憾！

据《结绳文字看守人》一书的作者萨罗蒙先生发现，在秘鲁首都利马东南部一个叫吐比库查的村庄里留藏有结绳文字。在这个村庄中，类似于族长的老人在每年的一月份将他们族群的结绳文字传交给他们的继承人，但村庄中没有一个人能读懂这些古老的文字。萨罗蒙认为结绳在充当一种年度预算的作用，起初是用来策划行动的，随着行动的进行，后来用以记录历史。他还怀疑该村庄人可能在1920年代之前还能读懂这些结绳文字，直到后来秘鲁中央政府为了使国家走向现代化，禁止了结绳文字的使用。而在《解读古秘鲁结绳文字》一书中，作者伯恩斯猜测结绳上的色彩和结构可能是现今安第斯山脉仍在使用的盖丘亚族语的速记形式。

美国哈佛大学人类学家加里·阿顿估计，世界各地博物馆收藏的结绳大约有600个，他已经在秘鲁、智利、美国和德国等国家研究了近450个。当他在秘鲁研究历法使用、占星术、农艺时，他开始对结绳文字进行研究。阿顿相信，结绳文字制作者利用一种类似于现代计算机所应用的二进制数学方法，以打结的形式来将信息编译成数字和叙述语言。从打半结的黑棉线到打复杂结的红褐色羊毛线，虽然它们打结的方式多种多样，但每一种打结方式的蕴意是简单而明确的。

葵布，一个能够严密管理印加社会的方式，一个印加帝国的缩影，它究竟隐藏着多少不为人知的秘密？专家们已然从仅存的珍稀的葵布中窥到了印加人的影子，但是这些葵布是否就是人们表达感情、交流思想的方式呢？为了全面了解印加帝国、印加人的神秘文明，还有太多太多的谜期待着解答！

"空中花园"建造者之谜

　　爱情真是一种伟大的力量，它可以让唐明皇千里飞骑送荔枝，也可以让印度皇帝修成泰姬陵。另一个更加伟大的奇迹——巴比伦的"空中花园"，也是爱情的产物。

　　新巴比伦国王尼布申尼撒二世娶了米底的公主米梯斯为王后。公主美丽可人，深得国王的宠爱。可是时间一长，公主愁容渐生。尼布申尼撒不知何故。公主说："我的家乡山峦叠翠，花草丛生。而这里是一望无际的巴比伦平原，连个小山丘都找不到，我多么渴望能再见到我们家乡的山岭和盘山小道啊！"原来公主害了思乡病。于是，尼布申尼撒二世令工匠按照米底山区的景色，在他的宫殿里建造了层层叠叠的阶梯形花园，上面栽满了奇花异草，并在园中开辟了幽静的山间小道，小道旁是潺潺流水。工匠们还在花园中央修建了一座城楼，矗立在空中。巧夺天工的园林景色终于博得了公主的欢心。由于花园比宫墙还要高，让人感觉像是整个御花园悬挂在空中，因此被称为"空中花园"，又叫"悬苑"。当年到巴比伦城朝拜、经商或旅游的人们老远就可以看到空中城楼上的金色屋顶在阳光下熠熠生辉。所以，到公元2世纪，希腊学者在品评世界各地著名建筑和雕塑品时，就把"空中花园"列为"世界七大奇观"之一。从此以后，"空中花园"更是闻名遐迩。

　　但是，现在对于"空中花园"为尼布申尼撒二世所建的说法，不少人产生了怀疑。他们认为"空中花园"更可能是在尼尼微而不在巴比伦；它的建造者也不是新巴比伦国王尼布申尼撒二世，倒有可能是早他100年的亚述国王辛那赫瑞布。为什么有如此说法呢？

　　被誉为"历史之父"的希罗多德在书中对巴比伦金碧辉煌的宫殿和神庙建筑以及房屋、街道、商贸甚至连浮雕、装饰等多处细节都作过仔细描述，并且盛赞巴比伦的"美丽远远超过了世界上的任何城市"。可是书中他却单单不提"空中花园"，这是一个疑点。

同样也是罗马史学家的色诺芬在其著作中赞美了巴比伦城墙的雄伟壮观，但对"空中花园"却也是

△ 巴比伦的"空中花园"复原图

只字不提。难道是根本没有存在过这样一个建筑？

而且，人们至今没有找到有关尼布申尼撒建造"空中花园"的记载，不过在有关亚述国王辛那赫瑞布的许多文献记载中却不止一次地提到他在尼尼微城中建有一座美丽的花园，并引城外的河水到城中浇灌花木。而辛那赫瑞布的后代也常常提及此事，他们常在尼尼微的这个人造山形花园中以捕杀从笼子里放到园中的狮子和野驴为乐。

尼布申尼撒二世死后23年，波斯人出兵占据新巴比伦城，他们还改变了幼发拉底河道，使河道远离了巴比伦城。按理说，巴比伦"空中花园"的花木肯定会因为缺水而枯萎，在百年之后不可能还会保持郁郁葱葱。可是在尼尼微的浮雕却表明，亚述人不仅采用"水泵"抽水浇灌人造花园，还用水槽将山泉引入园中。所以即使无人灌溉，花园依然可以苍翠如初。

虽然有这两种说法，使人们对"空中花园"究竟在巴比伦还是在尼尼微无法断定，但比较古老的记载说到的"空中花园"在巴比伦这种说法应该更具可信度，只不过还需要更多的考古发现来进一步证实而已。

《圣经》中的示巴女王来自何方

世界上有史以来再版和印数最多的书，恐怕要属基督教神学经典《圣经》了。它既是文辞优美的文学佳作，也是读来饶有兴味的历史故事集。尤其是成书于公元1世纪的《旧约全书》，还含有较高的历史文献价值。但是，它也给人们留下了一些颇为难解的历史谜团，其中之一就是关于示巴女王和示巴古国是否确实存在的问题。

《旧约全书·列王记》第10章和《历代志》第9章中有这样一段记载：公元前10世纪中叶，当以色列王国在国王所罗门治理下国泰民安、兴盛至极的时候，异国君主示巴女王因仰慕所罗门的智慧和声名，在庞大的扈从队陪同下带着香料、宝石和黄金，浩浩荡荡地抵达耶路撒冷，拜见以色列国王。她向所罗门表示敬意，献上厚礼，并提出一些难题让对方回答。所罗门机智地作了解答，更使女王尊敬不已。所罗门对女王也热情相待，并在她回国前回赠了礼物。这段简短的记述非常精彩，示巴女王的出现引人注目。但是，这位女王来自何方，出身于哪个民族？《圣经》里再无其他描述。甚至她名字叫什么也无从得知。唯一可以推断的是，从女王携带的礼物来看，她统治的示巴王国是一个很富有的国度。《旧约全书·以西结书》第27章也明确提到，示巴王国是以从事香料、宝石和黄金贸易出名的。

示巴女王在《圣经》中偶然闪烁的神秘色彩，自然引起了历代史学家、文学家、行吟诗人和民间艺人的极大兴趣，由此而生的种种臆想、传说更显得浪漫离奇甚至荒诞不经。

在中世纪流传很广的一个传说里，示巴女王被说成是预言耶稣将受难于十字架的女先知。据传她在去耶路撒冷拜见所罗门的途中，曾遇到一座小桥。她的幻觉中突然闪现出救世主将被人用这座木桥上的板木钉死的可怕图景。于是她绕道而行，并虔诚地向这座桥祈祷祝福。所罗门得知这个不祥之兆后，立即命人把桥板取下深埋地底，以为就此万事大吉了。却不料后来仍被人挖了出来，成了恶人加害耶稣时所用十字架的板材。

除了这种神乎其神的传闻外，示巴女王在中世纪和文艺复兴时期的宗教艺术中，时而作为美丽的女王形象，时而又作为丑陋的女巫

△ 浴室中的示巴女王

形象交替出现。在西欧许多国家现今所存的哥特式教堂里，人们仍可以看到表现内容迥然不同的女王形象。在法国的哥特式雕刻中，示巴女王还被不可理解地塑成一位跛足者。这究竟是当时人有史实依据的人物特征描写，还是凭人随意想象的艺术处理，就无从得知了。

在非基督教信仰的世界里，示巴女王的形象是基本上被丑化了的。犹太教的传奇故事，把示巴女王描绘成有着毛茸茸双脚的恶魔形象，并把她比喻为古代亚述和巴比伦神话中诱人堕落的淫妇。而在伊斯兰教的传说中，示巴女王受到了更大的贬斥，她被称为"比尔基斯"，意为妖怪，说她所行之事对人类来说大都意味着灾难。

在近代文学作品中，也不乏对示巴女王的想象与描写，又同样是褒贬不一。在19世纪法国小说家福楼拜的笔下，示巴女王是诱惑隐士的邪欲的化身。而在20世纪著名诗人叶兹的诗中，女王的才智和品德又成了被赞美的主题。

不过，在许多国家较为流行的民间传说中，示巴女王还是更多地被描绘成天生丽质、聪颖不凡的动人女性，并传说所罗门在耶路撒冷见到她的时

候，就为其美丽的外貌和端庄的仪表所倾倒，两位互相爱慕的君主还结成了金玉良缘。埃塞俄比亚的传说中说，虽然所罗门对示巴女王一见钟情，却无奈女王对他无意。后来，所罗门设计引诱，才逼迫女王成婚的。他们在婚后生下一子名叫曼尼里克，以后随示巴女王而去。曼尼里克长大后到耶路撒冷拜谒父亲，并被封为埃塞俄比亚的第一代皇帝。有趣的是，直到非洲古国的末代君主——海尔·塞拉西老皇帝在位时，他还以自己是示巴女王和所罗门的嫡传后裔自居呢。

有关示巴女王的这种种传说尽管充满了传奇色彩，但显而易见的是它们都缺乏考古或文字所提供的可靠依据。示巴女王是否确有其人，至今还是一个谜。

但示巴古国是否存在的问题，经过学者们长期的考察和新的考古发现证明，它已不再是虚无缥缈的传说，而是确有实据的事实了。

人们已初步断定《圣经》中提到的示巴王国位于濒临红海的阿拉伯半岛西面，在现今阿拉伯也门共和国境内。它是公元前10世纪兴盛一时的文明古国之一，在古代东方的发展史上曾起过积极影响。示巴古国由于紧靠当时的通商要道红海，同与红海相接的以色列、埃及、埃塞俄比亚、苏丹等结成了密切的贸易关系，商业一度十分发达。示巴古国盛产香料、宝石和黄金，这使它在产品交换中处于十分优越和有利的地位。据说，示巴商人当时已经会利用红海的季风之便远洋航行了。他们在每年2—8月海风吹向印度洋和远东时，便加大对这个地区的贸易运输量。等8月以后海风回吹时，他们又溯红海而上与以色列和埃及交往。这个季风的秘密长期未被泄露，直至公元1世纪时才被希腊人发现。示巴的陆路贸易也很发达，骆驼商队活跃在阿拉伯半岛和西亚的广阔地带上。

示巴王国有没有自己的首都呢？也是有的，据考证，就是现今阿拉伯也门共和国的东部城市马里卜，现在这个城市还在沿用着古代名称。公元前1世纪希腊史学家奥多勒斯，曾形容马里卜是一个用宝石、象牙和黄金做艺术品装点起来的城市。这种描写也许有些过分，但马里卜过去的华美、繁荣从中也可窥见一斑了。

　　过去传说马里卜建有一个规模巨大的蓄水坝。水坝都用大石块铺砌，石块之间密接无缝，显示了示巴人民高超的建筑和工艺水平。这座水坝对马里卜和周围广大地区人民的生活和生产，起到了防范洪水冲击和提供灌溉系统的良好作用。这座水坝维持供水达12个世纪之久，公元543年，因年久失修而塌陷。现在马里卜发现的水坝遗址，使古老的历史传说也有了生命力。人们还在马里卜郊外沙丘上发现了一处设计奇巧的建筑物废墟，考古学家们证实它是公元前4世纪所建的"月神庙"。当地人把它称为"比基尔斯后宫"，而比基尔斯是他们对示巴女王的称呼。看来，人们总想找到那位神秘女王的踪迹，但从挖掘出的刻石和文物中却寻觅不到她的倩影。

　　不少"示巴迷"们认为，这个古王国的居民来自幼发拉底河一带的闪米特人部落。他们崇拜太阳、月亮和星星，所用文字和字母与古代腓尼基人相近，与古代埃及手抄本的文字也有相同之处。这或许能够说明，古代不同国家和地区之间有着共同的、紧密的文化联系。今天人们在埃塞俄比亚也发现了那里有着同也门境内相似的月神庙建筑遗址，这大概说明了示巴文化对邻近各国曾有着广泛和重要的影响。

　　示巴古迹的发掘，已透射出这个文明古国的奇光异彩。但失落的示巴文化这个历史之谜，还远未全部揭开。

亚当·斯密《国富论》的出版之谜

在经济学的历史上，理论经济学分为市场经济学和政治经济学。其中市场经济学的鼻祖是亚当·斯密，他创作的《国富论》闻名于世，奠定了现代经济学的基石。

1723年6月5日，亚当·斯密出生于苏格兰。他的父亲在他出生前几个月就去世了，他一生与母亲相依为命长达60年。斯密童年体质孱弱多病，又无兄弟姐妹，一生未曾娶妻。幼年的斯密所表现出的超人记忆和热爱读书，让人觉得他是一个天才式人物。

斯密在卡柯尔迪度过了中小学时代。他的大学生活是在格拉斯哥大学度过的。在校期间，道德哲学教授哈奇森以渊博学识与高尚人格给斯密留下了深刻的印象。哈奇森也非常重视斯密，介绍他与当时正在写作《人性论》的哲学家大卫·休谟认识。

1740年，斯密有机会进入牛津大学深造。在那里，他钻研拉丁语和希腊语的古典著作，认真研究了《人性论》等当代和古代伟大思想家的作品，打下了坚实的古典哲学与当代哲学的基础。1759年4月，斯密出版了《道德情操论》，随后他加强了对法学和政治经济学的研究，1763年他在格拉斯哥大学作了关于法律、警察、税收及军备的演讲。这次演讲可以看做是他后来在《国富论》中所建立的古典政治经济学体系的雏形。

1763年11月，斯密进行了为期近3年（1764年2月至1766年10月）的欧洲大陆之行。期间，斯密整理了自己的材料，开始了他的经济学著作的写作。这本书就是后来大名鼎鼎的《国富论》。他历时6年，最终于1776年3月9日完成了这部经济学巨著。在他有生之年，《国富论》不断修改、增补，一共出版了四版。1790年7月，斯密在爱丁堡与世长辞。

亚当·斯密的《国富论》作为经济学上的经典之作，其内容极为丰富，范围涉及政治经济学、经济史、经济学说史和财政学。书中他创立了古典政治经济学的理论体系，概括了古典经济学在它的形成阶段的理论成就，最先系统地阐述了政治经济学的各个主要学说，对它的形成和发展起了极其重要的作用。该书的中心任务是弄清楚国民财富的性质和原因，以达到富国裕民的目的。他认为国民财富就是一个国家所生产的商品总量，而政治经济学的目的正在于促进国民财

△ 亚当·斯密

富的增长，兼顾好个人和社会、生产者的利益，而避免牺牲掉某一方面的利益。围绕着这个主题，斯密系统地进行了关于价值、市场、竞争、经济目标的分析，提出了经济政治学、财政学等一系列观点，以高屋建瓴的气势建立起一座经济理论的大厦。《国富论》这部著作最突出的特色是它的矛盾性，他看待问题的态度一直都是二重性的，而在对待资本主义的态度上，他提出了"在资本主义制度下，采取自由放任的政策，努力使个人经济和社会利益保持一致"。在这部著作中，斯密还提出了税收应遵循公平、稳定、便利和经济四原则。这些原则，对以后的财政学一直影响很大。

亚当·斯密是英国古典政治经济学最伟大的代表，是工厂手工业和产业革命前夕的集大成的经济学家，经济自由主义理论的主要创建者。《国富论》提出的经济自由主义理论，构成了市场经济的理论基础和商品经济运行的原则。以后的经济学家和经济政策的决策者，都无法跳过亚当·斯密这座高山。

20亿年前的核反应堆之谜

众所周知，人类在近几十年内才开始掌握了原子技术这一高科技技术，然而在非洲，却发现了一个20亿年前的核反应堆！

事情的经过是这样的：法国有一家工厂使用从非洲加蓬共和国进口的奥克洛铀矿石，他们惊讶地发现，这批进口铀矿石

△ 20亿年前的核反应堆

已被人利用过。铀矿石的一般含铀量为0.72％，而奥克洛铀矿石的含铀量却不足0.3％。这一奇怪的现象引起了科学家们的注意。他们纷纷来到加蓬奥克洛铀矿考察，发现了一个不可思议的史前遗迹——古老的核反应堆。它由6个区域约500吨铀矿石构成，输出功率估计为100千瓦。这个反应堆保存完整，结构合理，运转时间长达50万年之久。

据考证，奥克洛铀矿成矿年代大约在20亿年之前，成矿后不久就有了这一堆反应堆。而人类只是在几十万年之前才开始使用火。那么，是谁留下了这个古老的核反应堆？是外星人的作品，还是前一代地球文明的遗迹？对人类的认知而言，这始终是个未解之谜。

罗得岛巨人像之谜

在爱琴海的东南部，有一座美丽的小岛，名叫罗得岛。

传说，这里原本是一片碧波浩荡的海洋，众天神应太阳神的请求，把这块土地从海底抬出水面。

这样，太阳神赫利奥斯也就成了罗得岛的保护神。

肥沃的土壤，良好的气候，以及交会亚、欧、非三大洲的优越的地理位置，使得这一块小岛格外繁荣。

在很长一段时间内，小岛分裂成为三个部分。公元前408年，三个分裂的城邦联合起来，并且在岛的北端建立了首府，取名为罗得斯。罗得斯的发展势头非常好，不久，他们至少建造了5个港口，拥有了6万到8万居民。

公元前323年，年轻的亚历山大大帝去世，他的将军们为争夺继承权而发生内讧，最后，瓜分了他的土地。他的朋友和爱将托勒密把他的遗体运到埃及，在那里建立了托勒密王朝；独眼将军安泰哥那斯自立为马其顿国王，成了安泰哥那斯王朝的创始人。

于是，罗得斯成了夹在两块巨石之间的危卵，不断地承受着来自南方和北方的挤压。罗得岛人倾向于埃及，这就成了马其顿人的眼中之钉。

这时候，安泰哥那斯拥有一支6万人的精锐部队，并且占有了亚历山大金库中超过2.5泰伦的黄金。为了取得地中海霸权，他不断地袭击托勒密一世。在塞浦路斯的塞拉密斯，他大败托勒密的兄弟梅那劳斯；公元前306年，他又击败了前去救援的托勒密一世本人。

公元前307年，安泰哥那斯曾要求罗得斯与他一起去攻打埃及，遭到了罗得斯人的断然拒绝。

公元前305年的春天，安泰哥那斯派出了4万士兵，3万工匠，200艘战舰

△ 罗得岛太阳神巨像想像图

和170艘运输船，把罗得斯包围得水泄不通。指挥这场围城战斗的是安泰哥那斯的儿子达摩瑞斯，后来，他以"围城者"而著称于世。

他带来了最新发明的先进武器——"海勒波雷斯"，意思是"攻城者"。这是一座装有八个轮子的巨塔，进退自如；外面包着一层铜铁外壳，里面装满弹弩和弓弩手。

这是一场力量悬殊的战斗。但是，罗得斯人采用灵活机动的战略战术，以柔克刚，避实就虚，使达摩瑞斯的破城计划频频受阻。

一年之后，达摩瑞斯的粮草将尽，不得不放弃进攻。

罗得斯人捍卫国土和自由的决心强烈地震撼着达摩瑞斯，他在撤离之前主动地与罗得斯人握手言和，并且签署了一份耐人寻味的有趣协议。其中第一条就是：罗得斯是自由的，它是安泰哥那斯的盟友，反对除埃及以外的安泰哥那斯的所有敌人。

罗得斯赢得了战争，并且也赢得了尊严。

撤退的时候，达摩瑞斯留下了"八轮巨塔"和所有的攻城器械。那些发射弓弩所用的巨大的石球，一直保留至今。

罗得斯人举行了狂欢盛典，他们把来之不易的胜利归功于太阳神。他们决定：把安泰哥那斯人留下的武器熔化成铁水——也有人说是把这些器械变卖成钱财，作为建设基金——为他们的保护神赫利奥斯，建造一尊巨大的塑像。

他们挑选的雕塑家是琳达斯的查瑞斯，他是著名雕塑家李塞迫斯的学生。根据生活在2世纪的科学家、医生谢克斯特埃姆比利克的记载，查瑞斯索要了比巨塑价值高2倍的酬金，这使得他的钱多得无处可放。

从公元前294年到公元前284年，查瑞斯和他的青雕模型工们花费了将近12年时间，终于建成了这座高达70腕尺（约合33米）的巨型雕像。

如此高大的金属巨塑是怎样建造的？又是怎样竖立起来的？拜占庭时期的著作家费龙在《世界七大奇迹》手稿中作了一些简单介绍，他说：

艺术家用白云石作基础塑造了膝盖以下的两腿。因为很难把巨塑塑成整体后竖立起来，所以，他们在巨塑周围筑成土墙，往上运送和安装在下面浇铸好的肢体，然后再把肢体逐渐升高、组装、对接起来。塑像就是依照这个步骤，用去了500塔兰青铜，300塔兰生铁，12年后，建成了这座太阳神巨像。

"塔兰"是希腊的重量单位，1塔兰约等于150公斤。这样看来，这座大约有10层楼房那么高的太阳神像，仅仅铜铁用量就高达120吨。

罗得斯人欢呼雀跃，为这座杰出的巨像而自豪。他们在太阳神台座上镌刻着一首这样的赞美诗：

> 我们竖起了你，赫利奥斯，
>
> 直达奥林匹亚山巅。
>
> 多利斯山区的罗得斯人敬仰你，
>
> 你使小岛免遭横蛮。
>
> 世界如此瑰丽。
>
> 自由不容涂炭！

许多人都慕名而来，拥到罗得岛来瞻仰太阳神塑像，古代文献中记载太阳神塑像的学者多达16人次。

可惜，好景不长，太阳神只保佑了罗得岛两代人光景，公元前226年，一场巨大的地震导致了巨人像以及罗得斯城大部分建筑的倒塌，太阳神齐膝折断，只留下膝下的双腿和巨大的台座，成为历史沧桑的有力见证者。

"即使躺在地上，它也仍然是个奇迹。"公元1世纪，罗马著名作家普林尼参观了太阳神巨塑遗址后，在他著名的《自然史》中这样记载：这位倒塌了的巨神的手指比人还要高大，它手臂折断的地方是一个巨大的洞穴，完全可以作为住人的窑洞。很多人都曾试着用胳膊度量它，但是，没有人能够用自己的胳膊围住它的大拇指。

这一切，都使得普林尼赞叹不已。

埃及国王托勒密三世很快就派人送来了修复巨人像的资金，但是，罗得斯人征询了神的意见，神谕说："不得使巨人像重新立起。"

他们决定遵从神的旨意，因而谢绝了埃及国王的好意。

从此，巨人像就躺在那里将近900年，路过的人同时还能看到它的附属品：巨大的石头和起固定作用的铁架。

公元653年，阿拉伯人（土耳其人）占领了罗得斯，他们立即发现了太阳神残骸的经济价值。拜占庭末期国王康斯坦丁屈从于奥斯曼帝国的武力，为此还专门发表过诏书。诏书说："哈里发统帅宣布巨塑为自己所有，并准备把残像的金属运往叙利亚，在那里卖给希望得到它的人。"

在一本12世纪的编年史里，叙利亚的一位族长安基诺西·米哈伊尔写道："阿拉伯人来到岛上，把城市掠夺殆尽。被认为世界奇迹之一的青铜巨塑是稀世之珍，阿拉伯人把它凿成碎块，打算把这些科林斯（希腊港口城市名）青铜运走。巨塑是站立的男子姿势。他们发现，塑像是用巨大的铸铁横梁固定在地上。阿拉伯人用粗缆绳捆绑住巨塑，许多彪形大汉拉住绳头，才把它拽倒在地上。塑像高32.6米，被分成3000个驮包运走。"

另一则记载说：阿拉伯人抢走了巨人像的碎片，用了900峰骆驼，通过小路将它运往小亚细亚，卖给了一个从依米萨来的犹太人。

这就是罗得岛巨人像的最终结局。

三星堆文明之谜

三星堆遗址属全国重点文物保护单位，是中国西南地区的青铜时代遗址，位于四川广汉南兴镇。1980年起发掘，因有三座突兀在成都平原上的黄土堆而得名。三星堆文明上承古蜀宝墩文化，下启金沙文化、古巴国文化，前后历时约2000年，是我国长江流域早期文明的代表，也是迄今为止我国信史中已知的最早的文明。

从1929年月亮湾农民拨开三星堆遗址的第一线亮光开始，历经大半个世纪十几次的发掘，其中最令世人震惊、最有代表性的是1986年发现的两座器物坑：其中一号器物坑出土各类遗物达400件之多；二号器物坑出土有金、铜、玉石、象牙、骨等各类器物，仅青铜器就有439件，玉石器约131件。两座器物坑中所出土的文物数量之多、器物之精，令人叹为观止。最引人注意的是三星堆出土的一件大型青铜人像和数十件青铜人头像。这是中国古代文化中罕见的3000年前的青铜人像雕塑珍品，在东方

△ **三星堆青铜人像**

乃至世界的艺术史上占有辉煌的一页。尤其是立人像,通高2.6米,人高约1.8米,是迄今发现的最大的青铜铸像之一。两个坑的发现对中国考古界乃至世界考古界恰如万里无云的晴空响起了两声霹雳,对人们的震惊程度广汉三星堆出土的青铜器——青铜贵人像,可想而知。四川大学博物馆馆长、考古学家童恩正掩饰不住内心的喜悦,他激动地说:"这简直是世界奇迹!"伦敦不列颠博物馆的首席中国考古学专家杰西卡·罗森则由衷地赞叹道:"这些发现看来比有名的中国兵马俑更要非同凡响。"香港《文汇报》更说它"比湖南马王堆的文物时间早、数量多,其历史价值和艺术价值更高,可以和西安的半坡遗址相媲美。"但三星堆遗址及其出土文物仍有难以破译的千古之谜。虽然专家学者对其中"七大千古之谜"争论不休,但终因无确凿证据而无法最后定论。

一、三星堆文化内涵的确定

据四川省考古队驻三星堆工作站站长陈德安介绍,三星堆遗址是距今5000~3000年左右的古蜀文化遗址。遗址内存在三期面貌不同但又连续发展的考古学文化,即以成都平原龙山时代至夏代遗址群为代表的一期文化,又称"宝墩文化";以商代三星堆规模宏大的古城和高度发达的青铜文化为代表的二期文化;以商末至西周早期三星堆废弃古城时期为代表的三期文化,即成都"十二桥文化"。陈德安解释说,三星堆一期文化与长江中下游地区有文化交流,这可从成都平原出土的玉器中找到佐证。在商代,三星堆已发展成为高度发达的青铜文化中心,即早期蜀国,它代表了长江流域商代文明的最高成就,这也能从周边城邑、青铜冶铸技术等方面找到证明。三星堆二期文化则在青铜文化的主导下,表现出古蜀文明的内涵和外延的两面性。他认为,三星堆文化作为长江上游地区中华古代文明的杰出代表,比黄河文明还早,这再次雄辩地证明了中华文明的起源是多元一体的。

二、遗址居民属何族

目前有氐羌说、濮人说、巴人说、东夷说、越人说等不同看法。多数学者认为岷江上游石棺葬文化与三星堆关系密切,其主体居民可能是来自川西北及岷江上游的氐羌族系。

三、三星堆古蜀国政权、宗教形态如何

三星堆古蜀国不大可能是一个附属于中原王朝的部落军事联盟，根据其出土物品的数量，特别是质量上来看，它最有可能是一个相对独立的已建立起王朝的早期国家。而其宗教形态估计是自然崇拜、祖先崇拜与神灵崇拜兼而有之。

四、古蜀国何以突然消亡

荒灾、战争、瘟疫或者古蜀人自己的迁徙，这一切就可以使之消亡殆尽，三星堆发掘现场曾出土贝壳、水生物化石等物，难道不能说一场洪水使之一夜之间彻底消失？

五、三星堆青铜文化如何产生

人们一直不能最终分辨三星堆是蜀地独自产生发展起来的，还是受中原文化、荆楚文化或西亚、东南亚等外来文化影响的产物。据了解，有关专家提出了历史学的辩证解释，三星堆青铜文化其实反映了古蜀人对"眼崇拜"等的习俗，认为眼睛有通神镇鬼的功能，因此造型独特的纵目面具等就并非那么神秘莫测。而高超的青铜器冶炼技术却也并非不可想象，不要忘记随兵马俑出土的众多精致的青铜器也全是人为推测三星堆青铜冶炼技术可能与长期和外界交流合作有关。

六、出土的两个坑的年代及性质

三星堆遗址的两个坑有应为祭祀礼器的大量玉质的璧、圭、璋、琮，有应是牺牲遗物的骨渣和象牙，有应为群巫模拟像的青铜人像，更有令群巫进入鬼神世界的黄金、青铜面具，而且这些出土遗物的摆放都有一定顺序，同类遗物的分布也较为集中。种种现象表明，不论是一号坑还是二号坑，都是大型祭祀活动的遗存。其年代争论有商代说、商末周初说、西周说、春秋战国说等，性质有祭祀坑、墓葬陪葬坑、器物坑等不同看法。最常规的说法是祭祀坑，发掘中的三星堆文化层的年代在商代左右，所以推测祭祀年代大约在商代。

七、"巴蜀图语"代表什么

金器是三星堆洋洋大观的文物群体中又一重要种类，其含金量达到85％

以上，其余含量为银，而杂质含量仅为0.3％，显示了当时高超的冶炼水平，其中最具代表性的是一条长142厘米的纯金权杖。该权杖是用金条锤打成金皮后再包卷在一根木棒上制成。木棒早已炭化，而金皮仍然灿烂如新，上面还刻有三组以鱼、

△ 石琮

鸟、人为内容的纹饰，清晰可见，估计是古蜀国王的权杖。三星堆出土的金杖等器物上的符号可能是文字、族徽、图画，或者是某种宗教符号。根据其强烈的宗教信仰来看，最有可能是宗教符号和族徽。

2000年12月17日起，四川省考古文物研究所对三星堆内城的首次发掘取得惊人发现：从4号灰坑出土了全套石琮、石璧、石瑗祭祀礼器和一件三星堆首次出土的双耳平底罐。后来，考古人员在距今约3000多年前的灰坑中发掘出了一只造型独特的双耳小平底罐。据了解，这是三星堆考古71年来首次发现这类造型的器皿。随后考古专家又在4号灰坑中陆续出土了石璧、石琮、石瑗残片。据四川省文物考古队队长王鲁茂介绍，石璧、石瑗是古人用来祭天的，而石琮则用于祭地。这批珍贵文物的出土有力地证明了此坑曾是三星堆文化时期的一重要祭祀坑，但与三星堆1986年出土的一、二号祭祀坑相比，一个是"部落级的"，一个是"国家级的"。同时考古专家发现一桩有趣现象：石琮是东南地区距今4000~5000年的良渚文化的代表器物。此次在三星堆遗址内城区域发现，证明在良渚文化之后的三星堆文化与其他地区文明有着明显的交流。

对于此前发现的人工沟渠排成神秘图案，王鲁茂认为，这一奇特现象估计也与古代祭祀有关。

随着发掘工作的逐步深入，距今4000~5000年前的文化层将露出真容。

卡纳克石阵之谜

　　濒临大西洋的城镇卡纳克，是法国布列塔尼半岛的一个神秘地方。在它郊外有一片片整齐排列的石阵，在长达8公里的范围内到处是林立的巨石，这就是著名的卡纳克石阵，被英国考古学家海丁翰教授称为"比金字塔更神秘"的石柱群。

　　卡纳克石阵穿行于庄稼、树林和农舍之中，石头的竖立井然有序，似乎是精心营造的。要想竖立这样的石阵，绝不是凭一两个人的能力办到的，也不是一两天就能办到的，更不是完全依靠人力所能达到的。竖立者必定人数众多，且有高超的技术，并经过积年的劳动。但这些神秘的竖立者到底是谁呢？

　　据说，卡纳克石阵曾有石柱10000根，如今仅存2471根。石阵被农田分为3片：位于卡纳克城北1.5公里处的勒芒奈克石阵，以11排向东延伸，共1099块石头，排列在长1公里、宽100米的矩形内，最高的巨石露出地面部分达4.2米。石柱行列稍有弯曲，柱与柱间距离不一。起点石柱平均高约4米，最高达7米，愈往东愈低愈小。再向北走，过了一座古老的石磨坊界线，便进入克马里欧石阵，共10行，长约1.2公里。与其相邻的克勒斯坎石阵，长约400米，共13行，每行都很短，共540块巨石，排成正方形。它的末端是一个圆形石阵，由39块巨石组成。各组石阵都沿东西方向分行排列，越往南北，边缘行距越密，每一行巨石的大小和排列距离也并不均匀，每行越近东端，石块越高且排得越紧。石块排列以直线为主，也有排成平行曲线的。

　　经考证，石阵是从公元前4300年到公元前1500年分期竖立的。这个时期欧洲人还没有发明轮子，但石块中最大的重约350吨，高达20米，竖立者是如何把如此沉重的花岗岩竖立在指定位置，难道是借助一种神秘的力量，他们竖立这样的石阵有什么用途呢？

△ 卡纳克石阵

　　有人认为卡纳克是一个宗教中心，那些石块本是古布列塔尼人崇拜的偶像，后来罗马人征服了布列塔尼人，并在上面刻上自己所信奉的神的名字，再后来基督徒又在上面刻上十字架等基督教标志，于是石阵就成了今天的样子。真的是如此吗？

　　当地有一个传说，公元前56年，恺撒征服高卢。被罗马人打败的卡纳克守护神科内利逃到了城北的山坡上，眼看就要被追上了，情急之下，就用魔法将追赶他的罗马士兵变成了一队队排列整齐的石阵。虽然这只是一个传说，但在18世纪，不少学者坚信石阵营造于恺撒时代。

　　有人认为，石阵是蛇崇拜的产物。如果身临其境，仔细端详，那一排排巨石列队蜿蜒前行，真有点巨蛇飞舞的意味。19世纪，考古学家在卡纳克周围发现许多蛇崇拜的遗迹，但未发现与石阵有什么直接的关系。

　　也有人认为，石阵是一片墓碑群。"卡纳克"，布列塔尼语中意为"坟场"，所以这些高高竖起的石块可能是埋葬死人时竖立的墓碑。这仅仅是推测而已，还没有找到有力的证据。

还有人认为这些石块是妇女的吉祥石。只要不孕妇女蹲在石头上或是在石头上睡上几夜，石头的魔力就可使她怀上孩子，届时孩子就会呱呱落地，如同在人间竖起了一根根人柱。这也只是盼子心切的幻想而已。

在遥远的史前时代，在不可能有什么高超技术的前提下，却能竖起如此庞大的巨石阵，这是奇迹，也最令人感到不可思议，有些学者因此认为，卡纳克石阵是外星人访问地球的飞船基地，或许只有这样才能使人们的心灵得到些许慰藉。

1959年，专家们利用放射性碳元素年代推测法测定出，石阵的出现在公元前4300年左右，并确认卡纳克为世界上最大的新石器文化发源地之一。

有人认为，石阵是一个复杂的月亮观测台。20世纪70年代中期，英国人亚历山大·汤姆经过对每一根石阵进行测量分析后认为，古代天文学家在每天观测月亮时，随着其出没不断变换自己的观察位置，每一次都在新的地方竖起一根石柱作为标记，凭借这种方法，他们掌握了月亮运行周期以及其他一些天文知识。80年代初，英、法考古学家联合考察，未发现巨石的排列次序与月亮的出没规律有什么相似之处，因而不可能有什么联系，所以，他们认为，在石器时代，生产力水平低下，人们不可能掌握什么高超的技术。

要真正揭开石柱阵的秘密，必先弄清石阵营造者的本源，了解他们生活的那个年代的情景。

1979年至1984年，考古学家勒霍斯带队发掘卡纳克海滨格夫尔林尼岛上的一个甬道墓，发现此墓是个刻意经营的地下建筑，大理石块砌成的同心圆台宛如露天运动场的看台，墓壁上有精美的浮雕图案。经同位素鉴定，与石阵的营造时间大致相同。他们在20公里外发掘的另一古墓，墓内石雕也有类似的图案。

在甬道墓内，29块墓道壁石板中23块刻了图案。许多是同心圆弧、斧头、蛇、牧羊者手杖等图形，还有类似女神的人像跃然石板上。墓的内室顶板的一个大石板上，刻着一头长角牛的牛头及其前身，还有一把斧头的前

△ 甬道墓

半截。在20公里外那座古墓的内室，也发现了相似的一段，把它们拼合在一起，正是一方完整的14米长、总重量在30吨以上的刻图石板。这方石板明显是人为截断的。为什么要将完整的石板截断？为什么要分装在相距20公里的两墓中？又用什么工具来运输30多吨的石板？人们百思不得其解。

史前卡纳克人有本领营造这么宏大的"地下殿堂"，自然也有能力架设简单的"地面柱林"。而要建造石建筑，就必须有石材，而石柱阵和古墓葬所在地都没有岩石资源，所有石柱必须从数公里外的岩山甚至更远的地方采取。新石器时代人类最先进的搬运工具无非是绳索、滚轴、杠杆等，操作方法无非是推、拉、滚，或利用土坡下滑。但无论采用什么工具，采取什么操作方法，要把数吨、数十吨的巨石搬运数公里、数十公里都不是一件容易的事，更何况要搬运的是成千上万块。

把那么多的巨石搬到卡纳克，凿平磨光，再把它们竖立起来，组成石阵，或雕镌图案，构筑巨大墓穴，是什么鼓舞他们狂热地进行如此浩大的工程？

尽管聪明的现代人绞尽脑汁，还是难以了解远古的卡纳克石阵的奥秘。正如对石阵进行过长期考察的英国考古学家欧文·霍丁霍姆所说："它像金字塔一样，给人类留下了永恒的不解之谜。"

巴格达古电池揭秘

1936年秋季，在伊拉克的首都巴格达近郊，一些工人在修建铁路时，挖出了一具石棺。石棺内除了金银器及珍珠之外，还有一些陶质粗口瓶。这些粗口瓶瓶颈覆盖着一层沥青，有根小铁棒插在铜质圆筒里。圆柱体铜管高约10厘米，底部固定一个以沥青绝缘的铜盘，顶部有一个涂沥青的瓶塞。据专家考证，这些文物是2000多年前的随葬品。

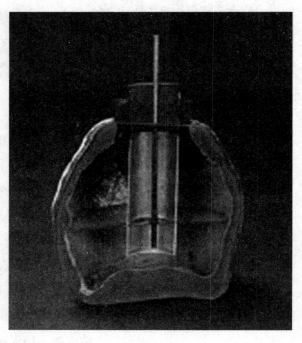

△ 巴格达古电池

德国考古学家瓦利哈拉姆·卡维尼格在进行了深入的研究之后，郑重宣布："我们发现了一个异常奇特的文物，那就是古代化学电池。只要向陶瓶内倒入一些酸或碱性水，便可以发出电来。"由于这种古电池是在巴格达近郊发现的，因此人们称它为"巴格达古电池"。

之后，这位考古学家利用职务之便（当时他任伊拉克博物馆馆长），将这些古电池悄悄运回德国。过不久，他又宣布："这些电池当时是以串联的方式使用，其目的是通过电解法将金涂在雕像或装饰品上。"如果他的论断正确的话，说明2000多年前人类不但能利用电照明，而且能利用电冶炼金属和制造器具。这意味着人类发明和用电的历史要提前好多年。

有些科学家仿照巴格达古电池的材料与方法，制成电池，并进行通电试验，结果证实它确实能通电。也有人利用仿制的古电池进行电解镀金试验，也获得成功。

△ 通电试验

在埃及大金字塔最里面的洞穴里，有一幅刻工精细的石壁画。据考证，这壁画是在金字塔洞穴内雕刻而成的。洞穴里十分黑暗，根本无法雕刻，可在洞穴里又没有任何用过火把或油灯的痕迹。在一个壁洞中有一幅壁画，画面很像绘有巴格达古电池和一盏电灯。因此，有的科学家认为，在埃及人建造金字塔时就已经使用过类似巴格达古电池灯的照明工具了。洞穴里的壁画正是借助电灯光完成的。

然而，不少科学家断然否定卡维尼格的论断，他们认为在2000多年前不可能有电池存在。

因此，巴格达古电池一直成为一个谜。

英国伦敦塔之谜

英国首都伦敦以它悠久的历史、灿烂的文化、雄伟的风姿屹立于世界名城之林。

公元前54年，恺撒率领罗马帝国的军队侵入大不列颠岛。公元43年，罗马军队再度征服大不列颠，并在此修建了第一座横跨泰晤士河的木桥。罗马人把伦敦作为他们的兵站，称"伦甸涅姆"，伦敦之名据此演变而来。

如今的英国王室，其开创者威廉一世（约1028——1087年）被后人称为"征服者威廉"。1066年9月17日，威廉为争夺王位从诺曼底引兵渡海，10月13日在黑斯廷斯一战中，消灭了原英格兰国王哈罗德的军队。1066年圣诞节，威廉在威斯敏斯特大教堂加冕为英格兰国王。1078年威廉开始建造伦敦塔，他死后威廉二世（约1056——1100年）继承父业，用了20年时间才将这座城堡建成。

伦敦塔就坐落于泰晤士河北岸，伦敦城的东南角。占地7.2公顷，经过900多年的增增减减、兴兴废废，成为今日的伦敦塔城堡群。伦敦塔本来是用来防卫和控制伦敦的一座城堡，塔中最古老的建筑是位于城堡中心的诺曼底塔楼，它是整个建筑群的主体，也是英格兰最早的石制建筑，因其是用乳白色石块建成，故又称白塔。

最早在伦敦塔内饲养动物的是13世纪的亨利三世国王，他命人寻来花豹和北极熊放在塔内饲养。此后，伦敦塔内喂养的动物品种越来越多，其中便包括渡鸦。这里流传着一个古老的传说：如果渡鸦一旦离开伦敦塔，伦敦塔就会倒塌，王朝也将随之垮台。所以，为防止渡鸦飞出伦敦塔，饲养人员在专家指导下给每只渡鸦精心修剪了翅膀，使其不能远飞。所以现在人们把渡鸦戏称为伦敦塔内"最后的囚徒"。

△ 伦敦塔城堡群

当初在设计伦敦塔时，并没有想到把这里当成囚禁犯人的监狱，因此在建筑白塔时没有考虑在塔内设置囚室。但白塔动工不久，就有一部分犯人被囚禁在白塔的地下室，最多时竟关押了1700名犯人。从那以后就常有犯人被押解至此，伦敦塔也就逐渐成为国家监狱。作为监狱的伦敦塔关押的最后一个囚犯，是纳粹德国的第三号人物、希特勒的副手鲁道夫·赫斯。当时他私自来到英国企图秘密会谈，被英国首相丘吉尔囚禁于白塔之内，战后被判处无期徒刑。

伦敦塔后来以幽禁、处决王室及政治犯闻名，其显赫的名气主要就是来自于在这里丧命的犯人，还有伦敦塔中传说的幽灵。漫长的岁月中，这里隐藏着王室血腥、暴力的宫廷斗争，它成为监禁国王、政敌的囚室和处决囚犯的刑场。英格兰历史上有好几位失败的国王、失宠之后的王后、王妃、王子、大臣和贵族，不但被囚禁于此，而且在这里被送上了断头台。有人说，即使事隔多年的今天，这里仍然可以感受到塔中的血腥气氛。那冰冷的气息，让人不寒而栗，所以伦敦塔又被称为"血腥之塔"。

英法百年战争结束后，英国皇族后裔的两个旁系家族形成了对立的集团：北方以兰开斯特家族为代表，族徽是红玫瑰；南方以约克公爵家族为代表，族徽是白玫瑰。为了争夺英国王位，双方各自利用自己手中拥有的军队相互杀伐达30年之久，拉开了历史上著名的"红白玫瑰战争"的序幕。

亨利六世于1422年9月继承王位，成为英格兰国王。亨利六世笃信基督教，关心教育事业，有着基督教徒的一切美德。他对教育很有贡献，作为国王却不善治国，并患了精神病。在1453年到1454年期间，由约克公爵摄政。但约克公爵一直想争夺王位，便给亨利六世写了一封信劝他让位。亨利六世立刻宣布取消约克公爵的爵位，下令北方的贵族从速整顿军队，准备以武力解决此事。

1455年5月22日，战争在圣奥尔本斯爆发。约克家族打败了红玫瑰军，随军的亨利六世在战斗中被俘。双方达成协议：亨利仍为国王，承认约克公爵为王位继承人。王后玛格丽特得知儿子失去王位继承权，从苏格兰借到一支人马联合红玫瑰军突袭约克公爵。12月30日，约克公爵在战斗中阵亡，玛格丽特为了解恨，把约克公爵首级斩下，扣上纸糊的王冠悬挂在城墙上示众。但约克公爵19岁的长子爱德华在伦敦被拥立为国王，史称爱德华四世。次年3月29日，双方在约克城附近展开决战，红玫瑰军败北，亨利六世携带妻儿逃亡苏格兰。1464年，亨利六世回到英格兰，支持兰开斯特家族起事，但遭到失败，再次被俘，被囚禁在伦敦塔。1483年4月爱德华四世死后，其弟理查德自称国王（1452—1485年），他也是约克家族的最后一个英格兰国王。兰开斯特家族别支的亨利·都铎侥幸逃到法国后，于1485年8月率兵跨海进军伦敦，在博斯沃思原野战役中击毙理查德三世，同年即位，为亨利七世。亨利七世当上国王之后，结束了玫瑰战争，为都铎王朝的昌盛奠定了基础。

亨利八世为英国都铎王朝的第二代国王，他在伦敦塔处决过许多人。继位次日，他便将亨利七世主要的两位税收官关进了伦敦塔，16个月后以莫须有的罪名处决。英国空想社会主义者、《乌托邦》的作者托马斯·莫尔，因反对英国教会脱离罗马教廷、拒绝承认亨利八世为英国最高宗教领袖而被囚禁在伦敦塔内达15个月之久，最后于1535年7月被送上了断头台。

亨利八世与寡嫂卡瑟琳结婚之后，生过两个儿子但都夭折，他以无嗣为由，从1527年起不断提出与卡瑟琳离婚。1533年，亨利八世命令坎特伯雷大主教托马斯·克兰默废除他与卡瑟琳的婚姻，又要求全体臣民宣誓支持他与安妮的婚姻。几名教士对这样的宣誓坚决抵制，结果被关进伦敦塔，随后处决。1533年1月25日，亨利八世与安妮秘密结婚，6月安妮在威斯敏斯特教堂正式加冕为王后。9月安妮生了一个女儿，即未来的伊丽莎白一世女王。有人流传说安妮的左手有六个指头，是女巫的标志。1536年，亨利八世以通奸和乱伦罪名判处安妮死刑。行刑前，安妮王后请求用剑刺死她而不要用斧头砍死她，亨利八世满足了她的这一愿望。安妮临死前平静地说："我很高兴保全了我洁白的脖子。"有的人认为安妮是冤枉的，而且传说后来她的阴魂经常在伦敦塔里的草坪上出现，嘴里念念有词，似乎在诉说她的冤情。

安妮的女儿伊丽莎白一世是英格兰历代最伟大的君主之一。女王宠信的警卫队长沃尔特·雷利曾就读于牛津大学法学院，是个天才的军人和富有才华的诗人，1585年受封为爵士。他瞒着女王与一位宫女结了婚，此事激怒了伊丽莎白，便以玷污宫女的贞操和荣誉之名，将雷利投进了伦敦塔。1603年，詹姆士一世继任。沃尔特·雷利觉得女王已死，便阴谋推翻国王，事情败露又被关进了伦敦塔中。在囚禁期间，他在伦敦塔的花园种植烟草，还把圈养动物的笼舍改造成化学实验室，并利用空余时间撰写了一部《世界史》。1616年，这个贵族说服了国王，让他率领一支探险队去南美洲寻找金矿，以此立功赎罪。结果雷利两手空空而回，最终在伦敦塔丢了脑袋。

据说，在伦敦塔的底部还埋着两位年幼王子的尸骨。那是在爱德华四世病逝后，其王位本应传给新的英格兰国王爱德华五世，可是，当时这位英格兰王子只有12岁。根据国王的遗嘱，由他的叔父摄政。没想到此人为了篡夺王位，便将侄子爱德华五世和他的弟弟囚禁于伦敦塔中，后来两个王子就消失了，他们究竟在伦敦塔里关了多久，外人始终无从知晓。据说，这两个王子是被闷死在伦敦塔的。1674年，人们在伦敦塔中果然发现了两具小孩的尸骨，有人认为这就是爱德华五世和他年幼的弟弟，并称他们为"宝塔内的王子"。有关这两位王子之死的真相，也是一起英国历史上调查时间最长的谋杀案。

被掩埋千年的庞贝城之谜

　　庞贝城，位于那不勒赫湾附近，距维苏威火山仅有1万米，因背山靠海，成为古罗马有名的避暑胜地，是当时世界上最美丽繁华的城市之一。但是庞贝城注定难逃劫数，公元79年8月24日，维苏威火山突然爆发，庞贝城的灾难降临了。火山喷出的灼热岩浆无情地吞灭了庞贝城，到处是一片惨叫声，火山灰遮天蔽日，历史将庞贝城定格在那一刻。从此，庞贝城淡出了人们的记忆，一直在地下沉睡了千年。

　　作为当时世界上最繁华的城市之一，庞贝城到底是怎样的一座城市，又是怎样在瞬间消失，开始沉睡千年的呢？

　　庞贝城始建于公元前6世纪，公元前89年与赫库兰尼姆城一同并入罗马。由于这里地理环境优越，加上气候宜人，很快吸引了罗马的权贵和富豪，从此商贾云集，繁华如梦。

　　他们在这里纷纷投资兴建豪华的游乐场所和宅邸，城市规模不断扩大，街市日益繁荣。一切似乎都是那么美好，谁也没有想到噩运即将来临。

　　公元79年8月，维苏威火山不断冒出股股白烟，似乎是火山爆发的前兆。不过这是以前常有的现象，当地的居民以为过一阵子就会烟消云散了，所以毫不在意。他们照常生活、工作。可是这一次，他们不再像以前那样幸运了，历史注定是要将庞贝城永远地埋藏起来。

　　24日这天，庞贝城的居民像往常一样开始了他们一天的生活。没想到，中午时分，毁灭性的灾难到来了！庞贝城背后的火山爆发了！

　　随着一声震耳欲聋的爆炸声，维苏威火山口的岩浆汹涌而出，直冲云霄，遮天蔽日的黑烟夹带着滚烫的火山灰向人们袭来。刹那间，天昏地暗，地动山摇，一场毁灭性的大灾难就这样发生了。

火山爆发后引发了暴雨，雨水扫荡着山上的石块、泥沙、火山灰、形成巨大的泥石流，顺着山势滚滚而下，冲向山麓平原，似乎要将庞贝城彻底地清除。

待烟消云散、土地冷却之后，灼热的岩浆、火山灰和泥石流无情地埋葬了昔日繁华热闹的庞贝城，它的历史就此戛然终止。

此后，维苏威火山又于公元203年、305年、472年、512年多次爆发。由于火山灰和熔岩的多次覆盖，地下的古城被埋得更深了。人们无法再见到古城的踪迹了，它也渐渐地被人们遗忘了。

历史会有偶然性的存在，一个不经意的动作可能会引发历史的改变，也许庞贝城是需要后人了解的，而它的重现也就是偶然的一锄。1709年，一群工匠在离那不勒斯不远处打造一口水井时，挖出了不少精心雕刻过的大理石块。消息很快传开，于是掀起了一阵挖掘寻宝的热潮。

不久，有人在无意间挖出一块刻有"庞贝"字样的石头。人们这才知道，原来这里就是古籍史册和民间传说中所传闻的被熔浆掩埋了的罗马古城——庞贝城。

这座曾经繁华美丽的古城向人们展示了一幕人间地狱的惨状。无数灰砾下的尸体被灼热的火山灰裹住，凝固后形成一层硬壳。后来遗骸腐烂消失，经过千年的掩埋，只剩下人形的壳子，恐怖至极。

考古人员为重现庞贝城的原貌，他们用生石膏灌进这些壳子进行翻模，再现了遇难者临死时的各种姿态神情：当房子倒下来时，母亲抱着年幼的孩子，用自己的身体掩护着孩子；有一家人在出逃时不忍分离，相互照顾时被硫黄窒息倒地；有的人逃亡时不愿舍弃钱财，手里紧紧攥着钱袋，但还未来得及逃出屋子，便倒在门槛上；还有一群戴着镣铐的奴隶，因无法自由行动，也倒了下去。

现代学者对火山爆发后的古代庞贝人之死持有两种观点。

一种说法认为他们是被毒气熏死的。地质学家的研究表明，火山喷发时，空气中会充斥着岩浆和火山灰中所含的大量硫、磷等有毒元素，维苏威火山海拔高于庞贝城，火山喷发后，庞贝城上空的空气成为"毒气"，可能就是这种"毒气"致使庞贝城的居民中毒身亡。

这种说法可以从考古学家挖掘出的庞贝市民遗体残骸得到认可，因为这些遗骸大多处于痛苦挣扎的可怕姿势，所以有理由相信，庞贝人是在毒气的渐进作用之下，逐渐失去知觉死亡的。

另一种说法认为他们是粉尘窒息而死的。近年来，法国的两位考古学家惊奇地发现，庞贝的地层呈现出多层颜色不同的"地带"，在不同的"地带"，其土壤的成分亦不相同。

经过进一步实地挖掘与化学分析，较为靠下的"地带"中有仅属于岩浆和火山灰中所特有的粉尘物质。这些物质有可能就是杀死庞贝市民的真正"凶手"，换句话说，可能人们是死于粉尘导致的呼吸不畅。

相对来说，同样在这场火山爆发之中被吞没的赫库兰尼姆城居民似乎比庞贝城居民要幸运。在这个城市的考古发掘中，人们几乎没有见到人的骨头。

难道赫库兰尼姆城的居民真的及时逃脱了那场厄运吗？

许多历史学家在开始时都认为，赫库兰尼姆城的居民都及时逃脱了，定居到别的地方去了。但是意大利考古学家朱泽普·马志却提出异议。他认为，赫库兰尼姆城的居民并不比庞贝城的居民幸运。因为按常理推测，赫库兰尼姆离海近，火山爆发时，居民会拥向海边求得一条生路。这只是一个大胆的想象，要证实这个说法，需要找到原来的海岸线和港湾，因为火山爆发产生的泥石流一定会把海岸线向前推进不少。

在朱泽普·马志和他的同事们的努力下，旧的海岸线和海湾终于被发现。正如朱泽普·马志所猜测的，赫库兰尼姆城的居民并没有全数逃脱，火山爆发引起的海啸切断了他们的生路，许多居民葬身于海边。

神话里的米诺斯迷宫探秘

提起迷宫人们都不会陌生。所谓迷宫，就是指那些有很多回环歧道，难于找到出口的宫殿或陵墓。很多人都玩过迷宫的游戏，那么现实世界中到底有没有迷宫呢？据古代作家的记载，世界上共有4座迷宫，即克里特岛的米诺斯迷宫、埃及迷宫、萨摩斯岛迷宫和意大利迷宫。这四大迷宫之中，米诺斯迷宫独具匠心，有许多出入口，径道错综曲折，以其极度复杂的结构位居迷宫之首。那么，这么复杂的迷宫究竟出自谁手呢，它又有何来历呢？

克里特的古代传说很早就传入希腊，这些神话构成了希腊神话的基础，而且，这些传说几乎都是围绕国王米诺斯的。

米诺斯是宙斯和欧罗巴的儿子，欧罗巴被天后赫拉排挤和迫害来到克里特岛后，与岛上的国王阿斯特瑞厄斯结婚，作为欧罗巴的儿子，米诺斯因此被国王收养，后来又成为克里特国王。米诺斯因智慧和公正而著名，他死后成为冥国的判官。

兄弟竞争王位时，米诺斯曾向海神波塞冬请求支援。波塞冬从海中升起一头白色的公牛以宣示他应允了米诺斯的恳求。同时，海神也命令米诺斯将得到的公牛献祭给他，以证明米诺斯对海神的崇敬。

但是白色的公牛是如此珍稀，米诺斯的贪欲使他违抗了神旨，于是他把公牛饲养在自己的畜栏里，然后用一头普通公牛敷衍海神。波塞冬被米诺斯的无礼行径所激怒。

米诺斯娶了帕西法厄为妻后，波塞冬便以神力使帕西法厄痴迷地爱上了那头公牛。这种爱是如此的疯狂，以至于王后伪装成一头母牛，并吸引公牛交媾来满足她燃烧的肉欲。

不久，帕西法厄生了一个牛首人身的怪物米诺陶洛斯。这个半人半牛的

△ 米诺斯迷宫遗址

怪物不吃其他食物，只吃人肉。

恰好此时，雅典著名建筑师代达罗斯出于嫉妒杀死了跟他一样也是建筑师的侄子，跑到克里特寻求米诺斯的庇护。米诺斯便令他负责设计修建一座迷宫，代达罗斯为了报答米诺斯的帮助，就为他修建了设计精妙的米诺斯迷宫。迷宫建成之后，米诺陶洛斯就被关在了里面。

雅典人杀死了米诺斯的一个儿子，为了复仇，米诺斯恳求父亲宙斯给予他帮助，于是，宙斯给雅典带来了瘟疫。而为了阻止这场瘟疫的流行，雅典必须每年选送7对童男童女去供奉怪物米诺陶洛斯。

当雅典第三次纳贡时，王子忒修斯自愿充当牺牲品，以求入宫伺机杀掉怪物，为民除害。勇敢的王子离开雅典时，对自己的父亲说，如果他胜利了，船返航时便会挂上白帆，反之则还是挂上去时的黑帆。

忒修斯到了米诺斯王宫后，公主艾丽阿德涅对他一见钟情。公主送给他一团线球和一柄魔剑，叮嘱他将线头系在入口处，放线进入迷宫。按公主所教的办法，忒修斯在迷宫深处找到了米诺陶洛斯，经过一场殊死搏斗，他用

△ 米诺斯宫的大陶缸

公主给的魔剑杀死了米诺陶洛斯走出了迷宫。

带着深爱他的艾丽阿德涅公主，忒修斯起程返回雅典，但在途中，他却背信弃义，将公主抛在了一座孤岛之上。不过，他很快就遭到了惩罚。

被胜利的喜悦冲昏了头脑的他，居然忘记更换船上的黑帆。结果，苦苦站在海边等待他归来的父亲，远远看到那黑帆之后，认为儿子已经死掉了，便悲痛地投海而死。

1900年3月，伊文思率领一批考古学者，开始在克里特岛的克诺索斯进行发掘。发掘工作进展非常顺利，不久，就发现了一个规模极大的宫殿遗迹，占地面积总计16000平方米。在人们的眼前，形象地展现出一幅希腊神话中的迷宫场景。

这座宫殿依山而筑，离中央克里特北岸4000米，高低错落有致，中央是一长方形的庭院，周围环以国王宝殿、王后寝宫，以及有宗教意义的双斧宫等房舍建筑，其间有错杂相连的长廊、门厅、复道、阶梯等，千门百户，曲折通达。

宫里设有水管和浴室设备，墙壁上有琳琅满目的浮雕和绘画，陈列着精美的陶器、织物和金银象牙制成的奢侈品，宫外西北角有一片场地，可能是表演斗牛戏的剧场。

米诺斯王宫发掘的结果引起世人的震惊，但是更引起人们关注的是有关迷宫的种种谜团。

那么，克诺索斯王宫是如何荒废的呢？

克诺索斯王宫曾经过多次重建，但是在公元前1400年左右，克诺索斯的最后一个王宫被毁，此后就再也没有重建。这是为什么呢?

有人认为，这是因为这里遭受了一次强烈地震使王宫毁坏并被放弃。1966年，一批美国海洋地理学家在爱琴海地区进行科学考察时，发现有一层很厚的火山熔岩在该区海底里沉积。经研究认为，在公元前1480年左右，克里特岛以北不远的地方曾发生过一次罕见的火山大喷发，因此推断克诺索斯等城市的毁灭，可能就是由于那次火山大爆发所引起的强烈地震和海啸所致。

不过，另一些研究者对地震说表示否定，他们认为王宫是因遭到战争浩劫而毁坏的。有人认为，可能是克里特人发动了反希腊人统治的起义。也有些学者则认为，可能是由于希腊半岛上的迈锡尼人入侵，总之是毁于浩劫。

这种观点得到了出土文物的有力佐证。在克诺索斯王宫里发现了新的线形文字文件，史学家将其称为线形文字B，而把此前克里特人创造的线形文字称为线形文字A。而自1939年以来，在希腊本土的派罗斯、迈锡尼、泰伦斯都先后发现了许多刻有"线形文字B"的泥板，证明"线形文字B"是希腊本土的一种语言文字，这就为迈锡尼人入侵克里特岛的推论提供了一个有力的佐证。

克诺索斯王宫是谁建造的呢

为了揭开谜底，史学家各抒己见，归纳起来约有五种说法：第一种意见认为克里特人就是腓尼基人或阿拉伯人；第二种意见认为他们来自非洲；第三种意见认为应把克里特人归于"印欧种族"；第四种意见认为克里特人就是希腊人；第五种意见认为克里特人接近于卡里亚人和伯拉斯革人，因此也就接近巴斯克人、意卑里亚人、利古里亚人、伊特拉斯坎人以及其他民族，也包括高加索居民在内。

以上几种说法虽然都有道理，但是都还缺乏让人信服的历史证据。约在1952年，经过一番勤奋钻研，英国学者米开尔·文特里斯等人初步释读了"线形文字B"。但令人遗憾的是，由于"线形文字A"至今尚未释读成功，因此有关克诺索斯王宫的种种谜团都还是未解之谜。

吴哥城文明离奇废弃之谜

"吴哥之美，震撼心灵"，这是人们去柬埔寨时经常会听到的一句话。吴哥在柬埔寨意为"首都之城"。美丽的湄公河诞生了吴哥文明。19世纪中期，在热带丛林中沉睡了几个世纪的吴哥古迹被揭开了神秘的面纱。经过近千年的风风雨雨，吴哥古迹仍可见大部分城堡、寺庙、宫殿和花园的残垣断壁，还有保存完好的54个佛塔。规模如此宏大的城堡，竟长期空无一人，这是什么原因呢，又是什么力量使这个有着200万高棉人的京都成为湮灭在密林中的城堡呢？

一、发现吴哥城

柬埔寨的吴哥城，拥有一种磅礴的气势。我们从废墟的本身就可想象出吴哥城当年无与伦比的壮观和美丽。

9世纪至15世纪时，吴哥曾是柬埔寨的王都。公元1431年暹罗军队的入侵破坏了吴哥城，王朝被迫迁都金边。此后，吴哥被遗弃。

在此后400多年的悠悠岁月里，吴哥被丛林草莽淹没，无人知晓丛林深处这颗璀璨的文明之星，直到19世纪它才重现于世。

1850年，法国传教士布耶沃斯在柬埔寨稠密的丛林中艰难行走时，偶然发现了这座古城遗址。布耶沃斯记载道："我发现了一座庞大的遗址，它看起来像是一座王宫。"

另一种记载更为确切。吴哥时期，正值中国的元代，两国早有来往。1296年，元代著名学者兼旅行家周达观，奉命随元朝使者出使真腊（柬埔寨古时称"高棉国"，或称"真腊国"），并在真腊国居住一年。这一年中，周达观几乎走遍了真腊。归国后他撰写了《真腊风土记》一书。书中就记载了首都吴哥城的景象。

△ 吴哥窟

法国博物学者亨利·穆奥正是在1861年根据周达观的书中记载，从中国出发经南海、湄公河、洞里萨湖到达真腊，寻找到吴哥城的。

他雇用了4位当地居民做自己的助手，他们手持砍刀，披荆斩棘，历经凶险。终于有一天，砍刀碰到了一块坚硬的巨石。亨利拂去巨石表面的苔藓，发现巨石上刻有文字。于是继续前进，不久之后，他们就被眼前的景象惊呆了：东倒西歪的石柱，断裂倒塌的石梁，精美的雕刻，雄伟壮丽的群塔……

就这样，沉睡于丛林达四百多年的吴哥文明被发现了。

二、宏大的吴哥城

"吴哥"，梵语意为"都市"，9—15世纪时是真腊王国都城，占地约208公顷。据记载，建造吴哥窟的是骁勇善战的国王苏利亚瓦尔曼二世。他在1113年即位后，积极对外扩张，拓展领土。为了炫耀自己的丰功伟绩和供奉兴都教的维希奴神，他下令建造了吴哥城。

△ 吴哥城门外

为了建造吴哥，苏利亚瓦尔曼二世召集了全国最好的工匠、彩绘师、建筑师及雕刻家，整整用了37年的时间，吴哥才得以完工。整座建筑是一个奇迹，它是用巨石一块块砌成的，没用任何的石灰水泥和钉子木料，充分显示了古人的建筑才华。

吴哥王城，分为东西南北四廊，各有城门。其建筑富丽堂皇，规模宏大，如从西面进城，要经一段长达约有600米的石板路才能到达正门。大石城正门高约7米，门上四面都刻着加亚华尔曼七世慈祥的面容，表明国王是耳听八方的活菩萨。

城门入口处有54尊石像，分列在两侧。一边的石像慈眉善目，代表着慈善；另一边的石像则是面目狰狞，代表着邪恶。一边是神，一边是魔。他们分别抱着一条七头蛇，表示共同保护王城。

在都城中央，建有宫殿、图书馆、浴场、回廊等建筑。都城中部还建有壮观的巴戎寺，而绕寺庙的石塔四面都刻着高达3米的加亚华尔曼七世微笑的面容。面容共有两百多面，到处是他的微笑，尤其是在夜晚，配以多变的灯光，国王微笑的面容更显得无处不在。

在城的中央，还有座长约300米的著名建筑——象台，据说它是当时国王检阅部队的阅兵台。一个大台，两个小台。大台左右两侧置有石象，骑在象身上的是王朝的大臣们。阅兵台前方的广场上有12座红色小塔。

三、吴哥城废弃之谜

吴哥古城最辉煌的文明记录都已刻在石头上，但它并没有解释为什么会衰落。

传说，公元1171年，吴哥遭到邻国洗劫后，国王耶跋摩七世对印度教主神的保护能力表示怀疑，广大的市民也不再相信国王的神力了。于是吉蔑人全体放弃了信仰的印度教，转而皈依佛教，采纳佛教思想里放弃暴力、信奉和平的生活方式。宗教信仰的改变导致的结果是，公元1431年，泰国军队未遇任何抵抗就占领并洗劫了吴哥。

又有传说，吉蔑国王被祭司之子触怒，便将其淹死在洞里萨湖中。天神愤怒，决定替祭司之子报仇，令湖水泛滥，淹没了吴哥城。

100年来，大多数人一直认为，该城被泰国军队攻占并洗劫后废弃，而当代学者对吴哥城的废弃原因又作出了许多新的解释。

澳大利亚考古学家认为，气候变化是造成吴哥古城废弃的主要原因。过去的实地调查与新的发现使专家推论，由气候变化带来的新的季风类型使古城无法支撑下去而导致废弃。

而悉尼大学的考古学家罗兰德·弗莱特则认为，古城消失的根本原因是水资源危机。这座古城应该是在中世纪暖期到小冰河时期的过渡期消失的。他还指出，为了维持古城75万人口的生存，高棉人不得不谨慎管理用水系统。但在控制吴哥城中部用水系统的两个庞大建筑中发现的阻塞物显示，此系统在吴哥城存在的历史末期已开始失去作用。

此外，还有科学家指出，人口膨胀和过度采伐进而带来的环境问题和水利体系遭破坏都是古城荒废的重要原因。

非可持续发展的发展模式也被科学家认为是吴哥城废弃的原因之一。由于人口的激增，大量的原始森林被砍伐，增加了发生洪水和泥石流的风险；又由于水利设施的设计不合理，河流的天然泄洪功能被破坏。古代吴哥人选择了不合理的非可持续发展方式，使得局部生态循环完全被破坏了。

也有科学家认为商业中心的转移也对吴哥城的废弃有一定的影响。15世纪时，亚洲进入"商业时代"，亚洲各国之间的交往主要依靠海运，内陆城市开始衰落。柬埔寨统治者认识到从沿海地区进行贸易更为便利，因此吴哥地位的重要性就自然不如以前了。

以上各种说法都有其道理，但吴哥文明真正的衰亡原因应是多种而复杂的，这还需要人们深入研究才可能最终揭开其废弃之谜。

太阳神国度印加的灭亡之谜

印加帝国曾是历史上著名的帝国，被认为是黄金的隐语。印加人信奉太阳，在这片神奇的土地上，他们创造了无数个不可思议的"奇迹"。时至今日，人们仍将印加帝国当做一个神话般的国度。然而，这样一个强大的奴隶制帝国却在鼎盛的时候灭亡了，是什么原因导致印加帝国顷刻之间走到了命运的尽头呢？

太阳神的国度印加，一个神话般的国度。它的发祥地——的的喀喀湖，位于高达4000米的高原，阳光充足，拥有丰富的水产，孕育了一个农产丰盛的帝国。在这里，印加人辛勤经营日出而作，日落而息，男耕女织。

印加人有着先进的纺织生产技术，他们会运用各种各样的织法织出各种形态的精致图案。他们建造了发达的道路系统，被称为"新世纪的罗马"。印加人没有文字，使用的记录符号是"结绳文字"，即用不同颜色、不同距离、不同大小的绳结来记事、记数。在建筑方面，他们有著名的太阳门。

印加人生活在自然条件十分恶劣的安第斯山脉地区，但是他们却用自己的双手解决了自己的吃饭问题。他们缔造了与其他地区不同的农业文明。早在公元前400年，印加人就懂得了集约栽培法，他们栽培玉米的技术世界闻名，还培育出了现代马铃薯。在印加，最深入人心的宗教是太阳教，它是印加人的国教。全国最负盛名的库斯科（在今秘鲁南部）太阳神庙，人称"黄金圣地"，就是尊奉太阳神的地方。神庙内部富丽堂皇，金光闪闪，庙中墙壁是用黄金镶嵌的，中间一个金质圆球，代表太阳，旁边有几百条金质线条，代表太阳的光芒。印加人之所以用黄金塑造太阳神，是因为当时的人们认为"金子是太阳神的眼泪"。

印加人已经大量使用青铜器，但是他们还不知道炼铁，不会使用火器和马。盛产金矿的印加，在帝国庄严的宫殿建筑上，四处均镶着金饰品，灿烂耀目，光彩辉煌。在当时的欧洲，广泛流传着美洲存在黄金之围的传说，而这也为印加带来了不幸的灾难。

△ 马丘比丘印加遗址

在西班牙殖民者进入印加前夕，印加帝国内部刚刚经历了一场腥风血雨的内战。战争皆因多拿卡巴克王死后，他的两个儿子瓦斯卡尔和阿达瓦尔巴为争夺王位反目成仇。正所谓"鹬蚌相争，渔翁得利"，西班牙殖民者恰好利用了这一事件乘虚而入。

西班牙征服者皮萨罗和他率领的舰队，包括3只帆船和180名士兵，2门大炮和20匹战马，直指印加国的心脏地区。皮萨罗此行的目的很明确，就是掳获更多的金银财宝。他准备利用印加帝国的内战，制造一场鸿门宴——邀请印加皇帝阿达瓦尔巴并且挟持他，以便威胁印加帝国。

可怜的阿达瓦尔巴却浑然不知，带着手无寸铁的2000名壮士，接受召见，结果惨遭杀害。皮萨罗在杀死国王后，率兵前往印加首都库斯科，企图搜寻更多的宝藏。但奇怪的是，无论是宫殿、神庙都空无一物，连称为"太阳的尼姑庵"中百位贞女亦不知去向，整个库斯科城一片寂静。

印加帝国的人民以及财富，为什么霎间消失得无影无踪呢？难道真是太阳神拯救了他们吗？这个问题实在令人匪夷所思。由于印加人没有发明文字，使得遗留下来的问题就更加神秘了。

有种假设，认为印加人自知力量单薄，无力与入侵者抗争，于是将木乃伊、国内所有的金银财宝，经向上天祈祷过后，沉到250米深的的的喀喀湖中，然后私下作大迁移，逃向了不为世人知晓的高山中。

然而这种说法似乎说不通。印加人拥有7万骑精锐，就算没有先进的武器，但是人员众多，难道不能和180名西班牙人作殊死搏斗，而是任南皮萨罗横行霸道吗？

在绵延的安第斯山脉中，考古学家陆续发掘到许多印加帝国的遗迹，证明印加人确实在蛮荒的山地中再建王国。

在玛丘比丘的一个洞穴里，考古学家丙海姆发现了一座陵墓。陵墓上是一座半圆形建筑物，外墙顺着岩石的天然契合建造，连接紧密，连一张纸都插不进。墙是用纹理精细的纯白花岗岩方石砌成，匠心独具，颇有艺术价值。

这山上墓穴中的骨骸，女性占绝大多数，从其中贵重的用器表示她们是重要的人物，是否当年"太阳的尼姑庵"中的贞女被送到这里，继续做太阳神的妻子，为印加帝国祈祷呢？

又有一班学者大胆推测，印加帝国是被一场突袭而来的恐怖瘟疫横扫全国才消失的。这似乎也有些说不通。如果发生瘟疫，西班牙人为什么具有免疫力？我们勉强承认印加人体质较弱，那试想一下一千几百万的人们，如何能瞬间消灭殆尽？要说明这一点，恐怕还得从各方面下点工夫。

我们来简单地假设历史，在西班牙人入侵印加帝国时，另一位国王瓦斯卡尔得知消息，为保存实力，决定忍辱偷生，东山再起。于是他率领着数以百万的印加人深入蛮荒的安第斯山中，在整座山上建筑藏身的栖息之所。当他们养精蓄锐，打算再度恢复当年的印加帝国时，却遭遇了一场突如其来的大瘟疫的侵袭。此次灾难后，印加人没剩下多少了，他们无力复国，只得在丛林中安身立命。为了避免再度引起纷争，他们销毁了高度的文明。然后以最简单的方式，聚集部落为生，形成今日印第安人的祖先。这个假设有没有可能呢？当然没有，这纯属虚构。这里疑云重重，仿佛为古代印加帝国的神秘灭亡增添了无限色彩。众说纷纭的印加帝国灭亡之谜，还有待历史学家、考古学家们集思广益，寻求一个合理的解释。

玛雅文明失落之谜

玛雅文明是拉丁美洲古代印第安人创造的文明，是美洲古代印第安文明的杰出代表。约形成于公元前2500年，主要分布在墨西哥南部、危地马拉、巴西、伯利兹以及洪都拉斯和萨尔瓦多西部地区。玛雅文明在物质文化、科学艺术等方面有很大成就。

一、从天而降的文明

玛雅人居住的领域包括中美洲的心脏地带。横跨危地马拉、贝利兹、墨西哥、洪都拉斯和萨尔瓦多部分地区，分别以三个互相隔离的区域为中心——齐阿巴斯和危地马拉高原的南部高地、太平洋潮湿的沿海平原与萨尔瓦多西部、墨西哥湾伸到贝利兹一带及洪都拉斯的热带雨林区。主要人口则集中在今天危地马拉的佩登省等低洼地区。

1983年，一位英国画家在洪都拉斯的丛林中发现了一座城堡的废墟。

当然这座城堡里没有沉睡的美丽公主，只有灌木丛生的断墙残垣。坍塌的神庙上的一块块巨大的基石，无不刻满精美的雕饰。石板铺成的马路，标志着它曾经是个车水马龙、川流不息的闹市。路边修砌着排水管。又标志着它曾经是个相当文明的都市。石砌的民宅与贵族的宫殿尽管大多都已倒塌，但依稀仍可窥见当年喧杂而欢乐的景象。

所有这些石料，无不苍苔漫源，或被荒草和荆棘深深掩盖，或被蟒蛇一般行走的野藤紧紧缠裹。从马路和房基上破土而出的树木，无情地掀翻了石板，而浓阴逼人的树冠，则急不可待地向废墟上延伸，仿佛急于掩盖某种神秘的奇迹。

如此荒蛮的自然景象与异常雄伟的人工遗址，形成巨大的反差，这令人们久久激动，不能自禁。丛林中发现的这个城市披露之后举世震惊。20世纪

△ 玛雅文明

以来一批又一批考古人员来到洪都拉斯，随后他们又把寻幽探胜的足迹。扩大到危地马拉、墨西哥、秘鲁以及整个南美大陆。

无数的奇闻逸事随着考察队的到来，纷纷传出——玛雅人的金字塔可与埃及人的金字塔媲美，危地马拉的提卡尔城内的那座金字塔高达70米，墨西哥的巨石人像方阵令人困惑不解，特奥蒂瓦坎的金字塔其雄伟和精美，堪称奇绝……

在墨西哥的丛林中，有九座金字塔。塔中存放着精致的凹凸透镜、蓄电池、变压器、太阳系模型的碎片。塔内有一种空间形态能，可以使刀刃锋利起来，使有机物发生脱水反应。1927年，美国探险家马萨斯在一具棺椁底层的陪葬品中发现了一具水晶骷髅，它发出耀眼的七色异彩，具有麻醉般的催眠作用。然而，水晶的高级制作技术是1947年才开始的。根据以上事实，人们认为贮藏物不是地球上人类的作品。

不过金字塔出于玛雅人之手已无争议了。为了建造这九座金字塔，玛雅人跋涉于太平洋和哥第拉之间，把所需的石料统统运往墨西哥的丛林中，但是在通往金字塔的途中没有任何道路、建筑和车轮的痕迹，他们是使用什么工具把那些石料和塔中物品运过去的呢？人们猜测可能是飞船。

据统计，各国考察人员在南美洲的丛林和荒原上，共发现废弃的古代城市遗址达170多处。它为人们展示了一幅玛雅人在公元年前1000年到公元8世纪时，他们北达墨西哥南部的尤卡坦半岛，南达危地马拉、洪都拉斯，直抵秘鲁的安第斯山脉广阔的活动版图。它告诉人们玛雅人于3000年前，就在这块土地上过着安定的生活。

没有巨大的精神和物质力量的保证，即使受到来自其他星球智能生命的启发，美洲人也无法创造出这种奇迹。据考古学家证实，在创造这一系列奇迹时，玛雅人已进入富足的农耕

△ 玛雅金字塔

社会，并独立创造了属于自己的文字。

进一步的研究并没有使人解开美洲为何建造金字塔之谜，反而让他们感到迷惑不解——玛雅人拥有不可思议的天文知识，他们的数学水平比欧洲足足先进了10个世纪，一个以农耕为唯一生活来源的社会，居然能有先进的天文与数学的知识。这的确是让人怀疑的。

还有，当我们面对着玛雅遗址异常灿烂的古代文明，谁都会情不自禁地问：这一切是怎么来的？史学界的材料表明，在这些灿烂文明诞生以前，玛雅人仍巢居树穴。以渔猎为生，其生活水准近乎原始。有人甚至对玛雅人是否为美洲土著表示怀疑。因为，没有证据表明，南美丛林中这奇迹般的文明，存在着一种渐变，或称过渡阶段的迹象。没有一个由低而高的发展过程，难道玛雅人的这一切是从天而降的吗？

的确，这一切是从天而降的。地面考古没有发现文明前期过渡形态的痕迹，分析在此之前的神话传说，也无线索可言。玛雅文明仿佛是一夜之间发生了又在一夜之间轰轰烈烈地向南美大陆扩展。

奇怪吗，是有点儿奇怪。除了"神灵"之外，谁还有这等魔法？不幸的是玛雅人的神话恰恰说明他们的一切都是神灵所赋予的。流传在特奥蒂瓦坎附近的神话告诉人们，在人类出现以前，众多的神灵曾在这里聚会过。

说玛雅文化从天而降似乎有些神乎其神了，但是它带给人们的思索却有

很多。自从玛雅文明被发现以来，关于史前文明的讨论就变得异常热烈。当我们探寻玛雅文化的同时，又该如何书写人类的历史呢？

二、玛雅文化怎么会突然消失

玛雅人既然在许久以前就创造了灿烂的人类文明，那么现代的人类文明为何又失去了玛雅人的行踪呢？玛雅人这种"从天而降"的文明现象，为何像一场刚刚拉开序幕就已结束的历史剧呢，玛雅人为何突然背弃文明，又回归原始呢？确实是个谜。

公元830年后，科班城浩大的工程突然宣告停工。公元835年，帕伦克的金字塔神庙也停止了施工。公元889年，提卡尔正在建设的寺庙群工程中断了。公元909年，玛雅人最后一个城堡，也停下了已修建过半的石柱。这情形令我们联系到复活节岛采石场上突然停工的情景。

这时候，散居在四面八方的玛雅人，好像不约而同地接到某种指令，他们抛弃了世代为之奋斗追求，辛勤建筑起来的营垒和神庙，离开了肥沃的耕地，向荒芜的深山迁移。

现在我们所能看到的玛雅人的那些具有高度文明的历史文化遗址，就是在公元8世纪至9世纪间，玛雅人自己抛弃的故居。如今的游客徜徉在这精美的石雕和雄伟的构架面前，无不赞叹、惋惜，而专家学者们却陷入深深的困惑之中。

玛雅人抛弃自己用双手建造起来的繁荣城市，却要转向荒凉的深山老林，这种背弃文明，回归蒙昧的做法，是出于自愿，还是另有其他原因？

史学界对此有着各种解释与猜测。譬如说：外族侵犯、气候骤变、地震破坏、瘟疫流行，都可能造成大规模的集体迁移。然而，这些假设和猜测都是不具备说服力的。首先，在当时的情况下，南美大陆还不存在一个可以与玛雅人对抗的强大民族，因此，外族侵犯之说就站不住脚。气象专家几经努力，仍然拿不出公元8世纪至9世纪间，南美大陆有过灾难性气候骤变的证据，同样，玛雅人那些雄伟的石构建筑，有些已倒塌，但仍有不少历经千年风雨依然保存完整。因此地震灾难之说可以排除。至于瘟疫流行问题，看来很有可能。然而，在玛雅人盘踞的上万平方公里的版图内，要大规模地流行一场瘟疫，这种可能性是很小的。再说玛雅人的整个迁移，先后共历时百年之久，一场突发性的大瘟疫，绝无耗时如此长久的可能性。

有人根据祭祀雕像被击毁，统治者宝座被推倒的现象，作出阶级斗争的推测。阶级斗争的确在玛雅社会中存在并出现过，但这种情况是局部的，只在个别地方和城市发生过，而玛雅人的集体北迁却是全局性的。

有人试图从生态角度解开玛雅人大迁移之谜。譬如认为玛雅人采取了某种不恰当的耕种办法，破坏了森林，土地丧失了地力等，造成生存的困境被迫再迁移。可是不少学者在考察中发现，玛雅人在农业生产上却表现出颇为先进的迹象。他们很早就采取轮耕制，出现了早期的集约化生产，这样既保证了土地肥力不致丧失，又提高了生产效率。

学者们认为玛雅人的农业在当时已相当发达。美国研究美洲大陆的权威麦克尼什认为，在公元前2500年左右时，内地人口大量增加，并从事着谷物、豆类、瓜类的种植。由于大型哺乳动物的灭迹，人们更多地转为以种植庄稼为生。美国国家航空和航天局的一个原定于用作探测金星的雷达系统，发现了玛雅人一千多年前修建的沟渠网，这些古代沟渠是藏在危地马拉和贝利兹热带雨林底下的。它们是用来排水、灌溉开垦出的适于耕作的土地。这项发现足以解释玛雅人在公元前250年至公元900年之间，是怎样在密林深处开垦土地以养活大约200300人的。可见，玛雅文化的泯灭并非食物来源的困乏所造成。

因而，试图从这个角度解开谜题的尝试也是行不通的。

还有一些专家的思路更加新奇，他们认为要寻找玛雅人搬向深山的原因，可以先反过来看看他们怎样选择自己定居的故土。我们已知的这些玛雅人最古老的城市，都不是建设在河流旁。

埃及和印度的古代文明，首先发祥于尼罗河与恒河流域，中国古代文明的摇篮则在黄河和长江流域。河流不仅给这些早期的都市带来灌溉和饮水方面的便利，同时又是人员与商品交往最初的通道。从各民族的早期历史来看，他们的文明都离不开河流。

玛雅人却偏偏把他们那些异常繁荣的城市、建筑丢弃于热带丛林之中，这是颇有意味的。

以提扎尔为例子。从这个玛雅人的城市到洪都拉斯海湾的直线距离为175公里，距坎佩坎海湾仅259公里，到太平洋的直线距离也才380公里。玛雅人对海洋是十分了解的，在他们的城堡废墟和文化遗址上，大量的珊瑚、贻贝和贝类动物制品，都可以证明这一点。那么，他们最初的城市为什么不修建在河流边，或者海滩旁，而要选择与世隔绝的丛林莽障之中。他们的大迁移，为何不向河流沿岸和海边转移，偏偏要移至更为荒凉的深山之中？这的确令人费解。

提扎尔就是一个位于深山中的城市。为解决这个人口众多的城市饮水与灌溉农作物的需要，他们被迫在城周修建了13个水库。这些水库的总容量达214500立方米，在古代修建这样的工程，其艰难是可以想象的。但让人难以想象的是，这些聪明绝顶的玛雅人为何必须在这种条件艰苦的地方安邦筑城，而不去寻找一处较为方便，更符合生活逻辑的地方？

这虽然包括那些后来匆匆停下进行过半的工程，仓促地收拾行装，扶老携幼，举族迁移的玛雅人。他们历经长途跋涉之苦，最终只得绝望地在北方建立一个新王国。他们再次按照历法预先规定的日期，重新开始修建他们的城市、神殿和金字塔，而绝不重返故土。

有的学者认为玛雅人定居在贫瘠的不毛之地，既得不到食物，也捕获不到野兽；而且大多数住在城市里，再加上玛雅人有吸毒的习惯，因而灾荒、瘟疫、战争等便很快地导致了玛雅文化的衰亡。

还有的学者认为，由于印第安人造船业的发展，船舶代替了小舟，经由海路的贸易取代了河上的交易。在森林深处依赖着小舟贸易的玛雅城市，这时失去了它原有的作用，迫使玛雅人离开了森林，另谋出路，导致了玛雅社会的没落，使玛雅文化走上了绝路。

以上诸说，各有其道理。但玛雅文化究竟是怎样泯灭的，至今仍需进一步探讨。

迈锡尼文明的毁灭之谜

公元前2000年左右，希腊人开始在巴尔干半岛南端定居，从公元前16世纪上半叶起在爱琴海诸岛逐渐形成一些奴隶制国家，因当时最强大的王国的首都叫迈锡尼，所以人们称之为迈锡尼文明。1876年著名考古学家谢里曼发掘出了迈锡尼文明遗址，在其中发现了大量的线形文字泥版文书。这些泥版文书大多出于公元前13世纪，每块上的文字，少的三四个，多则达百余，以简短者居多。从这些文字上我们可以了解到当时迈锡尼文明的人口状况、牲畜和农产品的数量、土地的数量、祭品的多寡、武器数量等，据此又可以推断出

△ 迈锡尼遗址狮门

当时的经济、政治、宗教和社会结构，人们惊讶发现当时已经是奴隶制国家的成熟阶段，自由民已经有了很大的贫富悬殊。

迈锡尼遗址还出土了数量惊人的精美手工艺品、青铜武器、金器和陶器以及以战争题材为主要内容的壁画。公元前1400年以后的一百多年内，迈锡尼文明各中心与地中海地区的许多地方有频繁的商业联系。随着与海外先进文明地区交往的密切，迈锡尼的经济与文化迅速发展起来，国力日强，逐渐成为一个无人可与之抗衡的大邦。公元前1400—1200年，迈锡尼文明达到了全盛时期。

考古发现迈锡尼遗址主要是国王居住的城堡，它的城墙用巨石环山建

△ 迈锡尼遗址

成，厚达5米，高8米，城堡有宏伟壮观的"狮门"（因刻有双狮拱卫一柱的浮雕得名），城内建豪华王宫。城堡下面平川地带有广阔的市区，富商大贾和市民工匠居住其间。

然而昔日如此繁荣的文明世界，今天却变成了一堆断壁残垣，不禁令人生出无限的感慨和疑问：迈锡尼文明究竟是怎样毁灭的？

有人认为迈锡尼文明的衰亡与著名的特洛伊战争有关。虽然最后希腊人赢得了这场战争，然而他们围攻特洛伊城长达10年之久，浪费了大量的人力物力，同时特洛伊城在被围困的10年内其实已经相当贫困，因此当希腊人最后攻破特洛伊城后，并没有得到多少实惠，也不够补偿他们的战争消耗。所以在得胜的诸国（以迈锡尼为首）敲锣打鼓而回后，等待他们的是"黄雀在后"的厄运：迈锡尼诸国元气大伤，北方游牧民族纷纷南下攻城掠地，最终导致了迈锡尼文明的衰亡。

另有人说"罪魁祸首"是北方的游牧部落中的多利人。在著名的荷马史诗中，便记述了远在特洛伊战争之前，北方的游牧部落就逐渐南下进入迈锡尼世界的势力范围，其中多利人就从伊庇鲁斯到达了罗得斯等所属迈锡尼的岛上。但是很多人反对这种观点，认为在多利人入侵之前，迈锡尼事实上已经衰落了。据考古学家考证，在公元前13世纪后期，迈锡尼文明的统治已经开始动摇，大量的城市已经荒弃，公元前12世纪迈锡尼的居住地有320个以上，到了公元前11世纪仅剩下了40多个。

另外，直到如今，考古学家也没有找到多利人入侵的证据。甚至有人猜测，多利人在早期是臣服于迈锡尼人的，多利人在很早以前就已经居住在迈锡尼世界，只不过他们是被统治者。在荷马史诗中这样记述：赫拉克里特在迈锡尼服了12年苦役，80年后，也就是在特洛伊战争之后，他的子孙返回，带来了多利人推翻迈锡尼人统治的消息——这只是内部的阶级斗争，而不是民族入侵问题。例如迈锡尼世界的另一个强大的城邦派罗斯，公元前13世纪中叶，由于青铜不足，青铜业衰落，从而激发了城市各阶层之间的矛盾。国家经济组织呈现松散无力的状态，税收无法保证，国库空虚，另外神权也受到极大的挑战，在这样的情况下，派罗斯的中央集权已经受到了严重的破坏。而这可能是导致迈锡尼毁灭的根本原因。

还有人说迈锡尼世界是在海上民族的入侵下灭亡的。在公元前13世纪末，东地中海的海上民族陆续破坏了小亚细亚、叙利亚、巴勒斯坦、埃及等许多城市，自然也影响到了迈锡尼。但是我们从泥版图书上并未发现国家有特殊的军事行动，另外就算派罗斯王宫没有防御工事而遭毁灭，但是像迈锡尼等许多城邦都有巨石筑成的高墙，可谓戒备森严了，又怎么会遭受这同一命运呢？

也有人说是因为天灾的缘故，迈锡尼文明才消亡的。有考古学家认为，当时发生了连年的干旱，造成食物短缺，人口锐减，并且到处都是饥民暴动，在这样的情况下，迈锡尼文明自然逐渐势微，以致为异族所吞灭了。

但是这些说法目前还需要进一步的考证，要解开这个千古之谜，只能寄希望于更多新资料的挖掘和研究。

亚历山大石棺之谜

　　位于希腊北部的小镇韦尔吉纳，被人们视为古代马其顿首都艾加伊城的遗址。人们在遗址中的墓葬群中发现有马其顿王国皇室墓群，其中可能有亚历山大之父腓力二世和亚历山大四世的墓穴。这两座墓穴中都装饰着精美的壁画，被保留下来的巨大宫殿用马赛克和灰泥装饰。整个遗迹有300多个坟墓，有些甚至建造于公元前11世纪。

　　艾加伊城位于皮埃利亚山脉以北的山坡上，是古代马其顿王国的首都。考古学家证明，自公元前3000年左右的青铜器时代早期开始，艾加伊城就有常住居民，至了公元前11世纪到公元前8世纪的铁器时代，该城逐渐繁荣昌盛起来，成为周边地区的中心城市，居民人口数也急剧增加。公元前7世纪到公元前6世纪是艾加伊城发展的鼎盛时期，包括马其顿国王都城在内的大量的传统建筑都是在这个时期建起的。

　　19世纪初，几位法国考古学家对艾加伊城进行了第一次考古发掘，不久又进行了第二次发掘。二战以后，人们又对艾加伊城的墓葬进行了第三轮挖掘。直到1977年，发掘工作有了很大的突破。发掘人员在研究马其顿历史卓有造诣的考古学家马诺里斯·安德罗尼科斯的率领下，终于使遗址中的马其顿王家墓地重见天日，这个重大发现也成为20世纪最伟大的考古发现之一。

　　打开陵墓之后，墓室的地板上有一批银质器皿，青铜盔甲立在墙边。在墓室后面朝门的地方，有一个盒状的大理石椁，里面是一座精美绝伦的金棺。金棺重11公斤，顶盖上有一颗星，据说是典型的马其顿王族的标记。里边装殓着一具火化后的骨骸，它最初被包在紫色的布里，上面放着一个一个用黄金制成的象征古希腊主神宙斯的橡叶和橡子环绕而成的金橡树花环。人们发现，在墓地的几百座墓穴中，虽然有些在古代就已被盗墓贼所洗劫，但

△ 亚历山大石棺

里面还是保存了不少非常有价值的文物以及墓中珍贵的壁画。

挖掘过程中，人们发现了一座拱顶墓。其入口上方装饰着一道彩绘中楣，长5.56米，表现的是狩猎的场面。经过仔细勘查发现，构成这座拱顶陵墓大门口的两块石板没有被人触动过。当清理干净陵墓顶部的时候，呈现在人们面前的，是个看上去像是用干泥砖砌成的祭坛。

随着挖掘工作的继续，人们又发现了位于陵墓前方的第二间墓室。这里也随葬着木质家具以及镀金的青铜盔甲和镀金的银弓箭匣。还有一具金棺，里边发现了金器和用来包裹火化遗骸的紫布。这具遗骸看上去像是一位妇女，其年龄在25至29岁之间。在如此大的古墓中发现这么丰富的遗存说明这很可能是马其顿王族成员的墓。在随葬主墓室的一顶头盔上有一条带状的金银头饰，它曾是希腊国王佩戴的饰品。墓内发现的壁画和器物风格所属的年代表明，这座墓属于公元前4世纪中叶。

在遗址中还发掘出了王宫和剧院，据考证这两座建筑建于公元前4世纪。宫殿是以一座用柱环绕的内院为中心来组织布局的，宫殿还建有圆形的神殿、豪华的宴会厅，其中的一所建筑中还有马赛克铺成的地板。根据出土的陶器和其他物品的制作工艺判断，专家认为，这座坟墓是在公元前340年—公元前310年间封闭的。

这座陵墓应该是马其顿王族成员的墓穴。从墓中挖掘出来的文物豪华程度及年代来看，有人据此推测，它也很有可能就是亚历山大大帝之父腓力二世之墓。这种说法得到主墓室金棺上的王族星徽的支持。但这也仅仅是一种推测，而在墓中没有发现能够确凿证明此人就是腓力二世的碑文或其他文字记载。

那么，墓中的遗体究竟是不是腓力二世呢？20世纪90年代，一批法医专家根据古代文献对腓力二世的可靠记载，试图重新塑造出这位葬在墓内的死者的容貌。他们最后塑造出来的是个面貌凶狠的独眼龙，这个人被加上胡须，制成了一尊蜡像。这尊蜡像身高约1.67~1.72米，其年龄在35到45岁之间。法医和考古学家们一致认为，这张重现的面孔，和从古代保留下来的腓力二世画像相比还是很近似的。

蜡像的重塑增大了墓中人是腓力二世的可能性，也大大激发了人们的好奇心。这个独眼龙到底是不是亚历山大的父亲呢？有人提出，如果能找到腓力二世的儿子——亚历山大大帝的墓，将尸骸挖出并进行DNA测试对比，不就解开疑惑了吗？

据史料记载，亚历山大远征印度回到巴比伦后不久突然猝死。当时，他的遗骸就被埋在埃及的亚历山大城中。但在公元前4世纪左右，遗骨却突然失踪，变得下落不明了。这是为什么呢？亚历山大死后，他部下的将军们为了争夺继承权，在大马士革为了亚历山大的遗骨争斗不休。很多人认为，是他的将领托勒密最终获得了亚历山大的遗骨，并将其带回埃及。但也有人认为，托勒密带回的遗骨并非亚历山大本人。亚历山大的遗骸后来究竟被埋在何处，千百年来，也一直是个谜。

罗马帝国亡于铅中毒吗

公元410年，哥特人首领阿拉里克率领日耳曼蛮族大军攻占了有"永恒之城"之称的罗马城，西罗马帝国逐步走向灭亡。但这次事件，并不是西罗马帝国灭亡的真正原因。那么，西罗马帝国覆亡的真正原因何在呢？

早在公元410年罗马城被攻克以前，哥特人就在沿用罗马人的风俗习惯，而在边远地区居住的罗马人，在几百年间也不断接受蛮族文化的影响，同时日耳曼民族雇佣的罗马士兵也日渐增多，他们对罗马当然不是全心尽忠的。因此，阿拉里克于公元410年攻克罗马，对罗马帝国来说并不算是致命的打击。不过，因为那是罗马帝国800年来第一次被打败，罗马人的自尊心受到的伤害很难估量，也许比破坏城市和建筑物更令他们难以承受。这个原因使人们更加容易理解：为什么阿拉里克攻克罗马城，在历史上一直被看做是罗马帝国灭亡的象征，而汪达尔王盖塞里克于公元454年攻陷罗马时，烧杀抢掠的事实反而不算什么。

最近掌握的证据，对解释罗马为何在公元5世纪被哥特人不费吹灰之力一举攻克，也许有很大帮助。1969年至1976年，在英国南部赛伦塞斯特展开的考古挖掘工作中，考古学家们在一座公元4世纪末至5世纪初的罗马人墓葬群里，发现了450具骸骨，多数骨头中的含铅量是正常人的80倍之多，儿童骸骨的含铅量则更高。这些人很可能死于铅中毒。

一直以来，罗马人对他们的优良供水系统总是引以为豪，他们通常都是用铅管输送饮用水。罗马人用铅制成的杯子喝水，用铅锅煮食，甚至用氧化铅代替糖调酒。罗马人在不知不觉中吃下了如此多的铅，渐渐会变得全身无力。此外，人吃下大量的铅还有另一个恶果，就是丧失生育能力。后期的罗马皇帝经常鼓励夫妻生育更多的子女，这可能是出于防止人口减少的考虑。

△ 古罗马水道桥

虽然并无详细的人口消长数字证实有这种现象，但即使吸收微量的铅，人类的生殖能力也会受到明显的影响，所以罗马人很可能因为喝了含铅量过高的酒和水而大量致死。人口的骤减逐渐导致了罗马帝国的覆亡。

但这种看法并没有充分的依据，只是一些考古学家根据少量考古资料提出的猜测。

铅中毒确实也不可能是罗马城于公元5世纪被攻陷的唯一原因。因为如果事实真是这样，东罗马帝国为什么还能在西罗马灭亡后继续存在1000年呢？

有一件事情同时也值得人们关注，就是东罗马帝国境内的铅矿比西罗马的铅矿少得多，所以当地居民只能使用粗糙的瓦锅和陶杯。

然而，罗马帝国灭亡的真正原因在哪里？其中还有更多的秘密有待探寻，还有更多的谜团有待解开。

巴斯克人是欧洲最古老的民族吗

巴斯克人，这个居住在西班牙北部的古老的民族，以让西班牙政府颇伤脑筋而闻名于世。一些巴斯克人为了争取他们的权利，采取了包括暴力在内的一切手段，常在国内制造流血恐怖事件，使西班牙陷入惶恐不安的境地，他们的这些举动给自己罩上了许多神秘的色彩。然而，世人很少知道，比这更神秘的却是巴斯克人的身世来源。

巴斯克人是生长于欧洲本土上的一支有着悠久历史的民族。据说，他们从史前时代起就已生活在今天西班牙和法国交界处的比利牛斯山以西地区。"巴斯克人"这个名称最早出现在古罗马时代的编年史中。据史籍记载，在公元778年，这个弱小的民族曾在龙塞斯瓦列斯山口打败了当时不可一世的法国查理曼大帝的军队。所以，在历史上，巴斯克人素以勇武、顽强和质朴著称。然而，令人奇怪的是，一些学者的研究结果表明，巴斯克人不属于印欧人种，在血缘关系上，他们与相邻的西班牙人、法国人和其他欧洲人没有丝毫联系；在语言上，尽管由于长期与相邻民族交流融合，巴斯克语已吸收了不少西班牙语、法语等外来语，但巴斯克语中的基本词根、语源与任何一种印欧语系都不相同，它是一种完全不同于印欧语系的具有极强独立性的民族语言。因此，不少学者认为，巴斯克人是一个在种族、血缘和语言等许多方面，与欧洲其他民族有着严格区别的特殊的民族。

既然如此，那么，巴斯克人是什么时候进入欧洲的呢？对于这个问题众说纷纭，尚无定论。一些学者认为，巴斯克人的祖先早在7万年前就已进入比利牛斯山地区。而另一种观点则认为，巴斯克早期居民的历史可以追溯到克罗—马格农岩洞居民创造洞穴壁画的旧石器时代。大多数学者认为，巴斯克人是在公元前5000年进入比利牛斯山定居的。上述观点虽有不同，但可以确定的是，巴斯克人是远在"印欧人"，也就是雅利安人进入欧洲之前，便在欧洲本土繁衍生息的一支最古老的民族。

巴斯克人虽然世代居住在欧洲，但让许多研究者百思难解的是，数百年前就在北美洲流传着不少巴斯克人善于航海的传说。在这些传说中，巴斯克人个个都是航海专家、捕鱼能手，甚至早就掌握了在大海中捕杀鲸鱼的技术。由于查无实据，直至20世纪70年代前，大多数研究者只把它看做捕风捉影的无稽之谈。首先证明这些传说确有其事的，是加拿大女学者萨尔玛·巴克汉姆。她从1965年起，整整耗费了10年时间，考证出巴斯克人曾在16世纪到过北美洲，并且还考证查实了巴斯克人在现属加拿大的拉布拉多半岛沿岸活动过的红港、卡罗尔·科夫等12个港口的名称。她还吃惊地从1540—1610年的原始材料中发现，这一时期的巴斯克人已经掌握了捕鲸技术，并以捕鲸作为谋生的主要手段之一。巴克汉姆的考证被70—80年代的考古发现所证实。由加拿大皇家地理学会等机构组成的考古队在拉布拉多半岛沿岸、萨德尔岛和特温岛等地，发现了许多巴斯克人的墓葬、捕鲸工具和生活用具，这些考古成果进一步验证了"巴斯克人是世界上最早的捕鲸能手"的传说言之不谬。

目前的研究虽然证明，巴斯克人的确是一个素有航海传统和高超航海技术的民族，他们早就凭借依傍比斯开湾沿海的自然条件开创了具有民族特色的航海业，但依然让人们困惑的是，在16世纪那样落后的技术条件下，巴斯克人究竟靠什么使它的航海技术，尤其是捕鲸技术达到了即便是在如今的高技术条件下，也堪称一流的水平？也许，随着历史研究和考古发掘的不断深入，笼罩在巴斯克人头上的迷雾将会慢慢驱散！

地下"死城"赫库兰尼姆之谜

赫库兰尼姆曾经是那不勒斯的一座美丽的城市,但是它却在一千多年前突然神秘地消失了。直到1709年,那不勒斯海湾的科学家们正在那里指挥着一群工人开掘一口深井,就在人们挖到地下20米深处时,突然意外地发现了一个古代的剧院舞台。在这之后,人们根据已发现的线索继续开掘了一段时间,结果,在一片黑色岩浆下面,人们发现了一座不知名字的古城遗址。经过考证,这个遗址就是当年辉煌一时的赫库兰尼姆城。

人们看着这座不知什么时候被埋葬的"死城",感到处处令人惊奇。从发掘的现场来看,市内的大部分建筑物,比如石街、竞技场、广场等,都大体上保持了完好的面目。市区的一些住室及室内的一些物品,也都基本上保存了下来。许多住室的门窗依然可以随意开关;有的室内摆放着的青铜汲水机仍旧可以运转自如;有些人家卧室的梳妆台,还摆着化妆品,首饰盒里装着戒指、手镯和胸针,橱柜里放着杯盘碗碟。在一间像是客店的墙上,潦草地写着卖酒的次数和日期;在一家作坊里,工匠们没有雕琢完的一块美玉还放在工作台上,烤面包的炉子还放着80只面包;有一间屋子看上去好像主人刚离开它似的,屋子里的家当摆得有条不紊,一条鸡大腿还放在床边的盘子里。走遍这座重见天日的"死城",最令人吃惊的是,人们在整个遗址上,很少能看到有人和动物的尸骨。即便到后来的发掘过程中,人们也仅仅在市中心的一块大型拱石下面发现了九具尸骨。

这座"死城"是什么时候被埋葬到地下的,它是怎样葬身在一大片黑色岩浆下面的?为什么全城历经沧桑都基本上完好无损,却独独很少见到人和动物的尸骨?这些问题牵动着世界上许多科学家的心。不少科学家在刚听到来自那不勒斯海湾的惊人消息后,就迫不及待地投入到研究考证中,他们都

△ 地下"死城"赫库兰尼姆

竭力想搞清上述这些问题，从而彻底揭开"死城"的真相。经过一番勘测和考证，科学家们很快就考证出"死城"葬身地底的时间是公元79年。然而，当时令科学家们遗憾的是，他们无法彻底揭开"死城"的全部秘密，找到"死城"罕见人和动物尸骨的真正原因。

很多年后，考古学家哈罗得·西格森，在实地考察和大量分析的基础上，对"死城"赫库兰尼姆罕见的人和动物尸骨的现象，第一次作出了大胆的推断。哈罗得·西格森断言赫库兰尼姆的罕见现象和维苏威火山的大规模爆发相关。他分析认为由于维苏威火山的爆发，位于维苏威火山西部4公里处的赫库兰尼姆，受到了严重的威胁。早在火山爆发前，城中的动物就已逃之夭夭，而城中的居民直到火山爆发，眼看着灾难就要临头之际，这才惊恐万状地甩下正在做的一切事情，仓皇逃命。当时，赫库兰尼姆的居民大部分逃向海边，打算沿海滨出走或乘船逃离险境，只有少数居民怀着侥幸的心情留在城中，其中有几个人躲到了市内的一块大型的拱状石头下面，他们认为拱石能够保佑他们平安。维苏威火山爆发的岩浆，以每小时100公里的整流涌向赫库兰尼姆城，岩浆温度高达399℃。当天午夜刚过，岩浆冲进市内，肆无忌惮地焚毁房屋，推倒建筑，吞噬人身。市内的那块大型拱状石并没有能抵住灾难的袭击，岩浆将它无情地冲塌，躲在它下面的一些人因此当场被压死。经过19小时以后，当维苏威火山终于安静下来时，赫库兰尼姆城已被深深地埋在一大片变黑了的岩浆下面。就这样，这场浩劫使得赫库兰尼姆城原来的居民，几乎全部都遭到了灭顶之灾。其中，未逃出城者，大部分都被滚烫的岩浆焚为灰烬，只有那几个被压死在拱形石块下的居民尸骨，由于得到拱形石块的遮挡而得以残存下来。那些逃到海滨还未及时离开的居民，也大部分被焚成灰烬，他们可能有极少数人被活埋在海滨的隐蔽地方。正因为如此，所以，在一千多年后人们发现"死城"赫库兰尼姆时，就只能在市内的一块大型拱石下发现人的尸骨，而在市内其他地方罕见人的遗骸了。

为了证实哈罗得·西格森的推断到底是否正确，考古学家萨拉·比西尔和戈塞皮·玛吉等，经过选择，几乎同时在离赫库兰姆不远的海滩上摆开了考古挖掘的"战场"，他们相信如果在这里能够找到人和动物的尸骨，并且在几个拱形石块下能发现若干具人的骸骨和几匹马的尸骨，就可以证实哈罗得·西格森的推断是对的。1980年，萨拉·比西尔首战告捷。当时，他的指挥工人在海滩上安装水泵时，一下子就在古海滩上发现了两具人的骸骨，一个是位矮胖的男性，一具是位女性。紧接着，1982年，萨拉·比西尔在清理地下海滩时，又出乎意料地发现了13具人的骸骨，其中的一具骸骨表明死者生前还佩戴着军用剑和鞘。就在同一年，戈塞皮·玛吉也取得了重大的进展，他带领工人用挖掘机挖掘深埋在海堤下面的一些巨大的石块时，相继在几个拱形石块下发现了60多具人的骸骨和几匹马的尸骨，其中有大人的尸骨，也有小孩的尸骨，他们有的挤着一团，似乎在临死前在极力抗拒着灾难的威胁，有的横七竖八地躺着、坐着……

孔雀帝国之谜

　　孔雀帝国是印度历史上一个强大的帝国，在它统治期间，出现了一位伟大的人物——阿育王。由于文献记载的不足，关于孔雀帝国的历史扑朔迷离，留下了很多不解之谜。

　　公元前518年，波斯国王大流士率军跨国兴都库什山，将印度的旁遮普省纳入波斯的帝国统治。波斯人的到来，使印度河流域迷雾重重，人们对这段历史至今依然无法捉摸。到公元前327年，亚历山大大帝悄然光临这片土地，传说又是另一种景象，这更增加了历史的神秘性。

　　印度的文献没有提及亚历山大，目前所知的只是流传下来的关于他的一些所谓见闻，这些支离破碎的关于种性法规、商品买卖、土著服饰、港口城市和死人火葬的记载，让历史学家和地理学家找到了发挥想象的空间，从而给亚历山大披上了更加离奇神秘的面纱。

　　亚历山大的到来远远胜过侵袭，短短2年的驻扎时间及其死后的几年中，他建立的陆海军对于发展海外贸易作出了巨大贡献，比如从印度西部经过阿富汗、伊朗到小亚细亚和地中海的商道，就发展极为迅速。但是，由于亚历山大废除了印度西北部几个小国，所以在他去世后的几年里，也造就了一个政治真空。

　　于是，孔雀帝国填补了这一空缺。公元前322年，年轻将领旃陀罗笈·孔雀夺取了摩揭陀国难陀王朝的王位，建立了孔雀帝国。旃陀罗笈在位期间，组建了一支强大的军队，将势力向西北发展到包括了恒河和印度河流域在内的广大领土。他还击败了亚历山大在中东的后继者塞琉古，公元前304年，塞琉古被迫媾和，把希腊公主嫁给了孔雀帝国的皇帝，这标志孔雀帝国成为当时一个强大的国家。孔雀帝国最强大的时期是阿育王统治时期，阿育王是旃

△ 孔雀帝国遗址

陀罗笈的一个孙子，关于阿育王有很多神秘的记载。

　　旃陀罗笈的儿子宾头沙罗和孙子阿育王，对于扩大帝国版图都不遗余力，尤其是阿育王。帝国在阿育王时期进入了一个"美丽的国度"，四通八达的公路交通、繁荣的经济贸易、川流不息的人群……首都华氏城以幽美的花园、设备齐全的公共建筑、沿河九英里的场所而成为文明的"花城"，富有创造性的教育体系吸引着国内外学子前来求知。

　　这个在亚历山大大帝侵略军撤退之后的废墟上建立起来的印度本土王朝，它的版图一直到16世纪莫卧儿王朝之前都未被超越。这个王朝奠定了印度大体上的疆域，而且很好地弘扬了印度古典文化。孔雀王朝第二代帝王宾头沙罗继位后，又征服印度南部德干高原，印度帝国呈现出空前强大的盛况，第三代帝王阿育王使孔雀王朝成为印度历史上最辉煌的黄金时代。

　　相传阿育王的母亲出生在一个婆罗门的家庭里，曾是位美丽的女孩。一天星相家给她看相，星相家预言她将来会做王后，生两个儿子，其中一位儿子将成为一个伟大的帝王。她长大以后，父亲就把她带到恒河岸上当

△ 阿育王

时孔雀王朝的首都华氏城，送到王宫去侍奉宫中的嫔妃。王宫中的嫔妃因她的美貌而惊慌，又听到了关于她的预言，于是她们设法防范她，避免让国王见到她。但是她并不失望，她相信星相家的预言，她相信自己的美貌足以动人。有一天，她乘人不备，设法去见大王，国王果然十分喜欢她，决计娶她做王后。星相家的预言完全正确，果然生了两个儿子，一个儿子成为修道者，一个便是阿育王。

阿育王幼年时十分顽皮，常常违拗父王的命令，他父亲说道："我不愿有这样一个倔犟无礼、不识好歹的孩子，必须叫他尝尝苦头，我将派他带兵去打仗。"恰巧五河地方发生叛乱，宾头沙罗便派阿育王去平定叛乱。宾头沙罗不管阿育王的死活，连战车和冲锋的象队也不派给他。阿育王也不和父亲争论，立刻动身，向五河进兵，竟然把叛乱平定了。

大约在公元前273年，宾头沙罗逝世，阿育王即位。当初，他要学他祖父一样使人畏服，因此他颇多暴行。他听说阴间有地狱之说，便建造地狱，以酷刑惩治犯人。

阿育王即位后八年，印度南方和东南方都不在他的统治下，他要统一全印度，立刻出兵征讨正在兴起的羯陵迦国。尽管羯陵迦国人民顽强抵抗，阿育王的勇猛战士们还是冲进了羯陵迦国的首都。一夜的混战，杀敌10万，俘虏15万，尸横遍地，血流成河。阿育王进城巡视，只见一片瓦砾，到处都是啼哭声。

阿育王胜利了，可他心里并不快乐，反而忧郁了。阿育王的人生态度发生了急剧逆转，战争的残忍让他不停地反思，他在敕令中写道：

"十五万人作为俘虏被带走，十万人被杀死，许多倍于这个数字的人死去……征服一个以前未被征服过的民族，包含着屠杀、死亡和放逐……"

据说，阿育王非常渴望一种"安全、理智、令所有人内心平静、温和"的未来。阿育王接受了佛僧的说教，他成为释迦牟尼的信徒，他一改以往的态度，用慈爱公平的方法对待他的人民，与邻国相处和睦。此后他就致力于佛教的传播，虽然乔达摩·悉达多创立了佛教，但在印度阿育王的传播作用有过之而无不及。这个伟大的帝王将自己的敕令刻在岩石、柱子和山洞上，宣扬朴素、相互宽容和尊重生命的美德，由此大力发展公益事业。佛教宣扬的美德，增加了孔雀帝国的和谐发展，也让阿育王的统治长达40多年。但是，关于阿育王致力于佛教发展与因频繁的战争促使他进行反思的思想转变，孰先孰后恐怕是难以说明白的！

阿育王虽然是一个热心的佛教徒，但他对其他信仰也予以尊重。在一道法文中说："各教派都有一种或别种理由应受尊敬。照这样做，一个人就把自己的教派提高，同时对于别人的宗教也有贡献。"阿育王的仁政之一，是设立许多医院收容病人；还有兽医院医治牲畜，这大约是世界上最早的兽医院了。阿育王还是一位伟大的建筑师，他的王宫、那烂陀大学等许多宏伟的建筑都是他设计建造的。

考古发现，许多木柱精密完美，至今还没有人比它造得更好。在印度这个十分炎热而又虫蚁丛生的国度里，这真是个奇迹。阿育王把释迦牟尼的佛教定为国教，他到处朝拜佛迹，营造佛塔，供养佛僧，并把佛教的经、律、论用当时的巴利文写下来，从此佛教才有正式的经典。

阿育王治理下的印度，人民富足而善良。阿育王当政41年，于公元前232年去世，他的名字至今仍受到人们的尊敬。

扑朔迷离的复活节岛巨像文明之谜

复活节岛属智利领土，在南太平洋中，距智利海岸3600千米，当地人叫"拉帕努伊岛"，意思是"世界的中心"、"地球的肚脐"。自从荷兰探险家1722年复活节那天在该岛登陆后，该岛就叫"复活节岛"了。

一、发现复活节岛巨像

这是一座很小的孤岛，周长只有6万米，人烟稀少。岛上没有森林河流，没有矿产良田。有的只是裸露的岩石，离离的荒草。就是这样一个几乎与世隔绝的荒岛，却因岛上矗立着巨大石雕像而成为举世瞩目、闻名遐迩的地方。

巨像分布在岛的四周，排列在海岸长，共有450多尊，每尊高达10米，重达90多吨。最高的20多米，重达100多吨。半身像安放在石砌的台座之上。巨像造型奇特，个个高鼻大耳，雄浑生动。有的还戴着石帽，留着胡须。部分石像横倒侧卧，埋没于荒草丛中。

一位学者这样说："复活节岛的四周是一望无际的海洋和天空，寂静和安谧笼罩着一切。生活在这儿的人们总是在谛听着什么，虽然他们自己也不知道在倾听什么，并且总是不由自主地感到，似乎门庭以外有什么超乎我们感觉以外的神圣之物存在着。"

神秘、诱人、不可思议，这是世人对复活节岛的评价。那么，这个神秘的小岛是如何发现的呢？

1722年复活节这一天，荷兰航海家雅各布·罗杰温和他的同伴们在太平洋南部海域航行时，意外地发现了这个无名的岛屿，并高兴地将这个岛屿命名为复活节岛。

第二天清晨，当罗杰温还心满意足地沉睡于梦乡的时候，他的一位助手突然破门而入唤醒了他，并气喘吁吁地报告说，适才在岛上发现了不可思议的奇迹。罗杰温赶紧随这位助手跑向"出事"地点，而眼前呈现的奇异景象使他惊骇得几乎说不出话来。岛上的土著居民正在举行宗教仪式，他们点燃起火堆，伏卧在地上，向着他们崇拜的神像喃喃地祈祷着。这些神像高达9米，是用巨石凿刻而成的人头像，长耳朵，短前额，大鼻子，面部表情十分严肃，令人望而生畏。而巨石人像的数量之多也是惊人的，仅这一处就达40多个，而在不远处的拉诺·拉拉古山的一面斜坡上竟多达300个！它们有的并靠在一起，更多的是隔45米左右一个个地散立着。而每一尊巨石人像的重量都在30吨以上！

罗杰温和他的同伴们面对这座孤岛荒岭之上的亘古奇观，不能不产生一系列不得其解的问题：是谁塑造了这些巨石人像，它们产生于什么时代，为什么人们要创造这些面孔冷峻、长相奇特的巨石头像，它们又是怎样被置放在荒丘野岭之上的？

发现者们是航海家而非考古学家，他们自然不能解释这些难题。但是他们带回欧洲的信息，却使复活节岛上的怪石像之谜成了近几个世纪欧洲学者热衷探讨的一个课题。

二、复活节岛巨像建造之谜

是什么人、为了什么目的雕刻这些石像的？取材何地，用何种工具运到这里再竖立起来呢？这些谜团引起了人们浓厚的兴趣。

多年来，各国科学家、探险家、考古学家、航海家纷至沓来，力求解谜，但是收效甚微。

英国学者詹姆斯在他的《消失的大陆》一书中，曾提出巨像是古大陆人类文明遗迹的见解。这种见解长期以来被认为是科学的论断，很多文献或教科书经常引用，流行一时。詹姆斯在书中写道，古时在太平洋有很大一片陆地，这片大陆西起斐济岛，东至复活节岛，陆上住有6400万人，有5000万年的悠久文明历史，石像可能是那时建造的。在距今约1.2万年前，因火山爆发和地震，这块大陆沉没洋底，复活节岛只是幸存的残岛。詹姆斯的见解根据是在太平洋的某些岛屿上发现有大陆性动植物和大陆性地块。

可是，詹姆斯学说与人类学、地球物理学的结论不符。现代科学证明，地球上猿人的出现最早也不超过几百万年，人类文明史连1000万年也达不到，更谈不上5000万年了。

根据现场发掘考察和对石像放射性碳的测定，复活节岛石像是公元5世纪建造的，并不像詹姆斯所说的那么古老。石像建造年代与大陆沉没年代，上下差距达万余年，年代不符，说明石像不是古大陆文化遗址。

另据英国专家夏普对南太平洋海域的考察，认为至少在几万年内没有陆地沉降现象。复活节岛现在的海岸线，仍和石像建造年代的海岸线相近似，几万年沉降不到1米。这也说明古陆沉降说与实际情况不符。

挪威人类学家索尔·海尔达尔提出一个比较新的论点，他认为复活节岛的巨像文化起源于南美大陆。他在1947年撰文指出，复活节岛的最早移民并非是来自太平洋岛屿的波利尼西亚人。其有力论证是：在复活节岛上发现了刻有表意文字的硬木书板，而在岛上一些巨石人像的后颈部位也发现刻有表意文字。但历史学界经过考察一致公认的一个事实是，波利尼西亚人从未有过书写文字的表达形式。这就是说，复活节岛的最初移民一定是来自有过文字历史的某个其他民族。海尔达尔认为，这个民族就是古代玛雅人的后裔、印加帝国统治以前的秘鲁人。他们不是在公元12世纪左右才来到复活节岛上的，而是早在公元3世纪时就乘船只漂流到了这里。这些移民即真正的"长耳人"，有很高的石刻技术，他们大约在公元1100年开始建造"莫埃依"巨石人像。而至15世纪左右，"短耳人"才从马克萨斯群岛迁居到岛上。

索尔·海尔达尔在对秘鲁和复活节岛分别进行了实地考察之后，还提出了一个几乎不容辩驳的论证：这就是在秘鲁维拉科察一地发现的石刻人像，其面貌特征与复活节岛上的石刻人像惊人的相似。由此可以断定，复活节岛的最早居民和岛上巨石人像的创造者是秘鲁人。

经过长期的争论和多次实地考察，专家们比较多地认为，巨像文化的起源地应在波利尼西亚当地。

波利尼西亚位于太平洋中部，是中太平洋岛群的总称，意为"多岛群岛"，总人口有150多万，多为波利尼西亚人。

多数考古学家和历史学家认为，复活节岛上延续至今的土著居民——波利尼西亚人，是在公元12世纪左右定居于岛上的。相传这部分最早的土著居民是乘着木船，凭借着波利尼西亚人高超的航海技术，从岛的西北面2000海里以外的太平洋岛屿马克萨斯群岛迁移过来的。这部分"移民始祖"的长相特征是：耳垂很大，因此显得耳朵很长，故被考古学家们称为"长耳人"。这批早期移民在极其恶劣的自然条件下，克服了无数难以想象的困难，终于在岛上顽强地生存了下来。14世纪前后，"长耳人"为了纪念他们的移民始祖所开创的基业，开始在岛上建造巨石人像并将其作为偶像加以崇拜，他们还赋予这些神像以"莫埃依"的尊贵名称。继"长耳人"之后不久，又有一批新的移民从太平洋的其他岛屿迁居到这个岛上。据说他们的耳朵与"长耳人"相比要短小许多，也许就像普通人一样吧，历史学家们为区别起见将这部分居民称为"短耳人"。而"莫埃依"神像也同样是"短耳人"的崇拜物。

在开始的一段时间里，岛上的两部分居民友好相处，亲如一家。但在两个世纪的和平岁月之后，分裂对抗的不幸局面却发生了。"长耳人"在较长时间里建立的移民优势，使他们逐渐转而压迫并欲统治"短耳人"。不平等现象的日渐增多，终使"短耳人"起而反抗，导致了部落之间的战争。经过残酷的搏斗厮杀，"长耳人"逐渐处于劣势，后来撤到该岛东端的玻依克高地。他们在那里挖了一条2000米长的沟壑并填上树干和灌木条点火引燃。但这条大沟壑仅挡住了一部分"短耳人"的攻击，另一部分"短耳人"却机智地避开火沟，从高地的另一端攻了上去。这一突袭使"长耳人"溃不成军，他们被赶到了自掘的火道边上，绝大部分人都被活活烧死，生还者寥寥无几。考古学家们对那条沟壑的土层作了碳化分析，估计那场战争进行的时间大约在距今1680年前。但秘鲁人也好，波利尼西亚人也罢，他们为什么要在岛上创造如此巨大、如此众多的人面石像呢？难道仅仅是后人纪念先驱者的"祖先崇拜"心理所致吗？一些心理学家分析，可能是岛上居民在长期与外界隔绝的孤苦、乏味生活中，想从这种富有艺术性的劳动中得到某种寄托和快乐。也可能是他们精神上总陷于苦闷和空虚，要通过建造巨石神像卷入一种狂热的宗教信仰，以得到某种解脱。还有可能是为了对岛上出没的野兽或入岛的外来侵略者形成心理上的威慑力量，才把"莫埃依"神像建造得如此巨大，并个个都是威严可畏的样子。当然，复活节岛的早期居民建造巨石人像的真正动机，现在还无从得知。

三、复活节岛最后的秘密

太平洋中间的复活节岛面积为118平方公里，东北部高出，面对着波利尼西亚小岛群；西南部地势平缓，与智利海岸遥遥相对，呈三角形状。三角形的每个角上各有一座火山；左边角上是拉诺考火山；右边是拉诺拉拉科火山，这座火山的斜坡上有岛上最大的巨型石像群；北方角上是拉诺阿鲁火山，它与特雷瓦卡山相邻。岛上的居民几乎都住在靠近拉诺考火山一个叫汉加罗的村庄里。

复活节岛是迄今唯一一个发现有古代文字的波利尼西亚岛屿，这些文字的意义至今仍是一个谜。

尽管局限于如此之小的地球区域，而且仅被少数的当地居民使用过，但这些文字都是一种高度发达文明的明证。这些人是谁？他们什么时候来到这座岛屿，来自何方，是他们带来了自身的文明和自己的文字吗，这些深奥晦涩的符号曾经是要表述一种什么样的情感、思想和价值？

这些谜团随着最后一群知情者的意外死亡而无从得知。那些知情者是如何死亡的呢？

复活节岛于1772年被荷兰商船队长雅各布·罗杰温发现。那时岛上的人口是4000人，到1863年减至1800人，到1870年只有600人，而5年之后仅有200人，到1911年时也不过稍多一点点。复活节岛上唯一的资源就是人力和少数几块农田。

1862年，一支贩运奴隶的海盗船队从秘鲁出发，来此寻找挖鸟粪的工人。他们掠走了1000多岛民，包括他们的国王凯莫考、他的儿子和那些能读懂称为"rongo-rongo"的石板文字的老人。

驻利马的法国领事最终将100多个被贩卖的岛民遣返回岛。但那时他们都已染上了天花，并且回去之后又传染了其他岛民。或许复活节岛文字的秘密就是随着这场灾难性的传染病的受害者一起被埋葬了。

人们最早着手研究这些文字遗迹是在1864—1886年，那时他们试图把这些符号加以分类或是把它们与其他未经破解的文字，如古印度文字加以比较。这些破译的尝试分为三个阶段，每一阶段都与一个象征复活节岛一段历史的图形和一个特定的木简相关联。

当1866年法国商船坦皮科停泊在复活节岛近海时，岛上约有1000居民。这艘船的船长是迪特鲁·博尔尼耶，随船前来的有传教神甫加斯帕尔·赞博。两年后，迪特鲁·博尔尼耶在岛上定居下来，与岛上女王科雷托·库阿普伦成婚，或者更准确地说，是挟持了女王，并与一个叫约翰·布兰德的盎格鲁·塔西提混血人结成一伙。

1868年，赞博神甫决定返回瓦尔帕莱索。由于他将途经塔西提，岛民请他带给主教德帕诺·若桑一件礼物以表敬意。这件礼物是用100米长的发辫绕成的一个巨大的球。当礼物解开后，展现在主教面前的是一块有奇怪符号的木简。

传教会里有一位年长的岛民乌鲁帕诺·希那波特解释说，那是"rongo-rongo"，是记录岛上最古老传统的木简。但自从知道这些符号秘密的老人去世后，就再没有人能解释出来了。主教给仍留在岛上的传教士希波利特·鲁塞尔神甫写信，要他尽其所能寻找这些木简并送给他。鲁塞尔送了6块给他，随附注记说，上面的符号很可能什么都不表示，岛民也不知道他们表示什么，而那些宣称知道它们含义的人都是骗子。

但这位主教深信这是个重要的发现，并且他终于在塔西提一个种植园里找到了一个能解这些木简的人——梅特罗·陶·奥尔。主教刚把其中一块有几何、人形和动物图案的木简给他，他就开始吟唱宗教圣歌，很明显是在读那些符号，从下往上，从左到右，并在每一行结束的时候把木简翻过来，接着读下一行。这是一种叫"牛耕式转行书写法"的变种（字面意思是说，像牛耕地时那样转换方向），类似于某种古希腊碑文，行与行逆向书写。不幸的是，不管把哪一块木简给他"读"，这个人唱出的都是同样的东西。

1870年，智利"沃伊金斯"号海船船长伊格纳西奥·加纳抵达复活节岛时，迪特鲁·博尔尼耶把一根刻有符号的当地首领的拐杖送给他，专家们认为这是现存的最好的"rongo-rongo"范例。

加纳把这根拐杖，连同两块刻有符号的木简送给了自然历史博物馆的学者鲁道夫·菲利皮，并解释说，复活节岛民对这些符号如此敬畏，显然这些符号对他们极为神圣。

菲利皮立即把木简的石膏模型送给世界各地的专家。但没有一位被请教的专家能找到这些神秘符号的答案。

威廉·汤姆森是"密歇根"号美国轮船的事务长，这艘船1885年停靠在复活节岛。美国国家博物馆出版了他的介绍复活节岛历史的著作，那是当时最为详尽的关于该岛的记述。

在到达复活节岛之前，"密歇根"号停靠在塔西提。在那里，汤姆森拍下了主教收藏的木简的照片。一到复活节岛，他就四处寻找能翻译这些符号的岛民。他遇到了一位叫乌尔·韦伊克的老人，一看到这些木简的照片，老人就开始很快地吟唱。就像梅特罗·陶·奥尔，他似乎不是在"读"这些文字，因为不管给他看什么，他唱的都是同样的东西。最后，老人坦白承认，岛上没有人能读懂这些符号。根据汤姆森的记述，乌尔·韦伊克对这些符号的"诗歌翻译"如下：

"我女儿的独木舟从未被敌人部落战败。我女儿的独木舟未曾被霍尼蒂卜的诡计摧毁。所有的战斗中她都凯旋。没有什么能迫使我女儿喝下黑曜岩杯里的毒汁。强大的海洋把我们天各一方，我如何自慰？哦，我的女儿！我的女儿！无尽的水路伸展到天边。我的女儿，哦，我的女儿。我要游过这深不可测的海水找到你，我的女儿，哦，我的女儿！"

现在专家们认为复活节岛上的这些符号有些可能是单词，或许它们只是些符号，帮助把口头传诵的传统传递下去，尤其是使家族系谱记录代代相传。在今天，它们仍是奉献给静默之神的诗篇。

"海上丝绸之路"之谜

19世纪20年代，太平洋的荒岛上发现了"有段石锛"，考古学家认为这是旧石器时代进入新石器时代的一个重要标志，可以说是远古人类的"现代化工具"。考古队和探险队纷纷拥向人迹罕至的岛屿，以期获得新发现。他们在太平洋诸岛范围内，甚至远在新西兰、复活节岛及南美的厄瓜多尔等地也都见到了"有段石锛"的踪影。它们是出自当地还是来自外界？考古学家和航海家苦苦思索大洋彼岸"有段石锛"的神秘来历。

1929年，浙江良渚也发现了"有段石锛"，广东海丰和香港南丫岛也相继获得类似的发现。远隔重洋的两地被相同的发现联系到了一起，许多学者希望破解"有段石锛"之谜。难道是中国的先民早在远古时代就随洋漂流，带着具有先进功能的石器到了太平洋诸岛和拉丁美洲西岸？对此学者有着各种不同的解释。

一些专家根据考古发现，河姆渡人是最早的航海人，至少在距今7000年前的古老年代就开始了漂洋过海的实践，并将石器制作、人工种稻及海洋捕捞等远古文明传播到海外。河姆渡人借助于北太平洋暖流漂向太平洋的深处，途经夏威夷群岛北端，而后直向墨西哥北部的瓜达卢佩岛附近；还有顺着赤道洋流，与西风漂流汇合向东到达南美的秘鲁。

也有学者认为"殷人东渡"是中国海上丝绸之路的发端，相传周武王伐纣灭商，殷商遗民由西向东大逃亡。一部分乘船渡海到了朝鲜半岛，在那里定居下来。另一部分继续随着海风和洋流漂移，到达了美洲，并在墨西哥和秘鲁等地定居。墨西哥各地也陆续发现了与商代风格酷似的墓碑、雕塑、石刀、壁画等。法国有位人类学家，曾经拿墨西哥出土的一些器皿同中国商朝时的青铜器皿作比较，发现两者上面刻画的饕餮纹惊人相似。而且，谁也不会想到墨西哥出土的一个陶质圆筒，刻有20多个与殷商甲骨文完全相同的古"帆"字。是殷人纪念找到了新的立足点，还是偶然的巧合？历史在这里又给了我们一个深深的悬念。

1886年，在秘鲁北部禧玉的一个小山洞里，发现了一尊美洲裸体女神铜像。这尊女神头戴太阳帽，坐在有蛇缠绕的龟背上，双手各提一面铜牌，两面铜牌上都赫然铸着"武当山"三个汉字。7000年前的船桨、大洋中的鲸鱼椎骨、散落世界的人工种植的远古稻谷、美洲女神与中国文字的纠葛……中华民族的远古海洋之路时隐时现。

班超出使西域，副将甘英曾经到达波斯湾岸边，但却错过了创造辉煌历史的机遇！事实上，秦汉时候的航海活动就已步入历史的高峰。相传秦始皇称帝后，为寻找生长在海上仙山的长生不老药，派方士徐福率船队多次往返于海上。最后一次，徐福带了3000童男童女到了扶桑。秦始皇在位12年，有5次出巡，其中4次是巡海，他已经将自己的远大抱负融入到海洋之中。在完成统一大业以后，急于开通海路与海外诸国进行交往。

公元前110年，汉武帝在平定南方沿海闽越的分裂势力时，曾派出1000多人乘船探寻日本的航路，这种探寻一直延续到东汉。1784年，一枚刻有"汉倭奴国王"五字的金印被日本九州岛福冈志贺岛的一个农民挖出，经鉴定是东汉光武帝赐予倭奴国王的金玺。东汉时期，一条经云南西部到缅甸出海和另一条从广东经南海到印度、斯里兰卡，最后经波斯湾到达罗马的两条通向欧洲的海上丝绸航线终于铺就，东西文明开始交流。

唐代丝绸之路的兴旺是伴随着贞观之治和开元盛世出现的。大食帝国各民族是一个勇于航海和善于经商的民族，他们很早就在地中海、红海、阿拉伯海和波斯湾里航行自如，与印度及欧洲、非洲一些国家建立了广泛联系。从公元651年至798年，大食国派遣到中国的使团达39个之多。

海上丝绸之路的拓展，也刺激了造船业的发达和航海技术的大幅提升，反之又推动着海上丝路的延伸。唐、宋时代的海上丝绸贸易成为世界航海的东方明珠，水密隔舱的问世和用铁锚取代石碇和木石结构的船碇，使锚泊系统有了划时代的变革。

福建泉州出土的古船"特别巨大",一位到过印度和中国的阿拉伯商人苏莱曼,在描述他所见过的唐船时这样形容。他还提到,"唐船由于体积过大,吃水太深,无法直接进入幼发拉底河口"。海上交往空前繁荣,唐朝设置了市舶司,专门从事海上贸易的管理。同时还派出非贸易船只,与远近国家进行友好往来。

宋朝开始了最早的"招商引资"。赵匡胤十分重视海外贸易,他派出内侍官员携带诏书和金帛,分四路去东南亚各地招引番商来华做生意,并在几大通商口岸专门设立了驿站。据史料记载,宋朝时候的市舶收入曾经占到财政总收入的15~20%。随着丝绸之路的发展和宋代瓷器的繁荣,大宗物资的出口由丝绸为主逐渐转化到以瓷器为主,丝绸之路也被人称为"丝瓷之路",海上贸易进入一个全新时期。

元朝忽必烈是一位横扫亚欧大陆的千古英雄,也是位胸襟广阔雄视汪洋大海的皇帝。他注重扩充水军,发展海上防卫力量。他与海外来客马可·波罗的不解之缘,成为东西文化交流的美谈,为西方世界了解中国创造了一个历史机遇。公元1271年,出生于意大利威尼斯的马可·波罗踏上通往中国的万里征途。在元大都,被委任为钦差巡视各地,并带领船队出使东南亚诸国及印度、斯里兰卡。1292年,忽必烈派出船队,让马可·波罗护送阔阔真公主去波斯完婚,顺道回意大利。1295年,马可·波罗回到意大利,此后他陆续讲述在东方世界的所见所闻,比萨作家鲁斯梯诺将其整理成书,这便是举世闻名的《马可·波罗游记》。这本书掀起了到东方寻找神秘国度的热潮,成为后来欧洲航海运动一个诱因。

明朝初年的远航活动,至今仍然让大家争论不休。永乐皇帝登基以后,决心"超三代而轶汉唐",积极发展与海外各国的交往。郑和肩负起了下西洋的重大使命,在长达28年的时间里他率领大明船队,七次往返西洋,从北太平洋穿过马六甲海峡直抵非洲东岸,遍访沿途各个国家和地区。其中最大的宝船长44丈,宽18丈。郑和去世后,大明船队也烟消云散,帝国的远洋航行也戛然而止。对海上探寻一直纷争不休——有人攻击郑和远洋航行违反禁海祖制,是不惜耗费巨资换取无益之奢侈品的"弊政"。郑和死后,这类攻

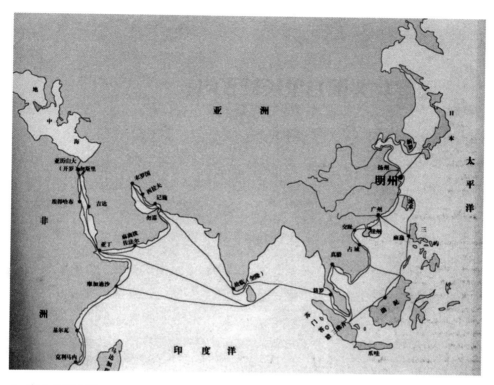

△ 海上丝绸之路

击更是不绝于耳，七下西洋后辛勤积累的航海资料也被付之一炬。据说面对浩瀚无垠的大海一位东非人大发感慨：大明船队像一片云一样飘过来，又像一片云一样消失了。

郑和之后，"片帆不许入海"，明、清两代的海禁绵延了400年之久。从禁止出海活动到禁止在海边居住，清朝统治者变本加厉，曾经将禁海令向全国推行，并发布"迁海令"，强迫沿海居民搬出靠海50里以内的地方。没落的东方帝国在封闭保守的封建驿道上徘徊了数百年，以致积贫积弱，远远落在世界的后面。

孟姜女哭倒万里长城了吗

　　《孟姜女哭倒万里长城》与《牛郎织女》、《梁山伯与祝英台》和《白蛇传》被称为中国四大民间传说。

　　相传有一家姓孟的人家种了一棵南瓜，在隔壁姜姓人家的房顶上开花结果。收获时，南瓜中生出一个白胖美丽的小姑娘，因为这个瓜是孟、姜两家的，所以取名孟姜女。孟姜女长大了，当时秦始皇筑长城到处抓民夫，一个叫范喜良的小伙子为躲避差役，进了孟家的花园，正好撞见孟姜女在湖边捞扇子。当时，有一种习俗，一个女子洁白的皮肤如果被某位男人看见，就必须从他为夫；而且，孟姜女也喜欢这个小伙子，于是两人就成了亲。哪知成婚才三天，范喜良就被抓走了。孟姜女思念丈夫，天天以泪洗面。随后便不顾路途艰险，历尽千辛万苦，不远万里寻夫送寒衣。当她寻到长城脚下，得知丈夫已经死了，尸体被砌进城底。这时，她悲痛欲绝，哭得天昏地暗，竟使长城倒塌八百多里。孟姜女滴血认骨，终于找到丈夫的尸骨。她决心背回家乡安葬。再说昏君秦始皇听说孟姜女哭倒了长城，便下令抓来问罪，但看到孟姜女长得美貌非凡，就硬逼她和自己成亲。孟姜女机智地提出三个条件：一，为范喜良造坟隆重安葬；二，秦始皇得如孝子一般披麻戴孝，在灵前跪哭；三，陪孟姜女游海三日。秦始皇一心想得到美女，便答应一一照办。孟姜女在完成祭奠自己的丈夫的心愿之后，趁游海之机，投入大海以身殉情。有的说孟姜女后来变成了银鱼（面条鱼）；也有的说她变成了一种像蚊子似的飞虫，蜇死了秦始皇。

　　这就是我国民间传说的《孟姜女哭长城》的故事。这个故事充分反映美化了民间传说中忠于爱情、反对暴政的妇女孟姜形象。为了纪念这位万里寻夫、忠于爱情的孟姜女，人们在孟姜哭长城处修庙，并认定山海关是孟姜女

△ 孟姜女庙

哭泣长城处。

在历史上有无孟姜女其人，孟姜女是否哭过长城，长城到底塌了多少里，后人莫衷一是，众说纷纭。

考证史籍，"哭城"一事最早见于《左传》：周灵王二十二年（齐庄公四年，前550年）秋，齐庄公姜光伐卫、晋，夺取朝歌。前549年，齐庄公从朝歌回师，没有回齐都临淄便突袭莒国。在袭莒的战斗中，齐国将领杞梁、华周英勇战死，为国捐躯。后来齐莒讲和罢战，齐人载杞梁尸回临淄。杞梁妻哭迎丈夫的灵柩于郊外的道路。齐庄公派人吊唁。杞梁妻认为自己的丈夫有功于国，齐庄公派人在郊外吊唁既缺乏诚意，又仓促草率，对烈士不够尊重，便回绝了齐庄公的郊外吊唁。后来，齐庄公亲自到杞梁家中吊唁，并把杞梁安葬在齐都郊外。（杞梁墓在今山东淄博市临淄区齐都镇郎家村东）。应该说，这段故事明文记载在《左传》中，是真人实事。虽无后来"哭夫"、"城崩"、"投水"等情节，主要是表现杞梁妻大义凛然的刚烈性格，但其反对战争、热爱丈夫的主体框架已隐隐显现。

"哭夫"情节的增加，是在《礼记》"檀弓"里曾子的话。曾子说杞梁妻"哭之哀"；到了战国时期的《孟子》，又引淳于髡的话说"华周杞梁之妻哭其夫而变了国俗"；使《左传》中的史实"杞梁妻拒齐庄公郊外吊唁"变成了"杞梁妻哭夫"，故事的重心发生偏移。

"崩城"情节的增加，是在西汉刘向的《说苑》；在《列女传》中，又平添了"投淄水"的情节。杞梁妻的故事到了汉代，哭夫、崩城、投水已成系列。

到了东汉，王充的《论衡》、邯郸淳的《曹娥碑》进一步演义，说杞梁妻哭崩的是杞城，并且哭崩了五丈。西晋时期崔豹的《古今注》继续夸大，说整个杞城"感之而颓"。到西晋时，杞梁妻的故事已经走出了史实的范围，演变成"三分实七分虚"的文学作品了。

如果说从春秋到西晋，杞梁妻的故事还是在史实的基础上添枝加叶的话，那么，到了唐代诗僧贯休的诗《杞梁妻》那里，就变得面目全非了。贯休在这首诗里，把春秋时期的事挪到了秦代，把临淄的事搬到了长城内外，把"城"嫁接到"长城"，再把"长城"直接定义为"秦长城"。经过贯休的大幅度调整，杞梁妻的故事开始向《孟姜女哭长城》的传说靠近，具备了今天传说的雏形。

有人曾否定《左传》中"杞梁之妻"（孟姜女）记载。认为，民不聊生、徭役繁重、千里寻夫的故事发生在封建社会是不可思议的，是不可能的，单凭杞梁之妻哭夫就断定她是孟姜女，不能令人信服。好端端的长城竟被一弱女子哭倒是不可能的，也不符合科学的。齐国的孟姜女被附会成秦国的孟姜女，攻莒城被说成修长城，这是有意丑化秦始皇暴政的表现。有人认为，孟姜女哭长城的故事，纯属人们的虚构，是人们寄寓反对暴政的一个虚似故事。认为被孟姜女哭倒长城的山海关段长城是秦朝以后才修起来的，秦始皇当时修的长城距离山海关以北数百里。历史上有过哭倒长城的记载，但是要比秦始皇统一六国的时间早得多，因此和秦始皇没有关系。

故事和传说毕竟不能代表事实。也就是说考证史籍，并无孟姜女哭长城一事。

孟姜女的故事真实地反映了古代劳动人民徭役繁重、征夫离妇之苦、之怨，它的悲剧性、生动色彩无时不感染着人们，孟姜女对于爱情的忠贞是人们对于幸福美满家庭的一种美好寄托和憧憬，这个故事随着时事历史的发展在中国人民的心中演变着。这个故事如此长盛不衰地传播，凭借着的是劳动人民的智慧和情感。这个故事抒发着深受2000年封建强权压迫的广大劳动人民的共同心声：反对战争，渴望和平，反对徭役，追求幸福！

"黄金国"传说之谜

西班牙人用武力征服了墨西哥和秘鲁之后，获得了多得无法计数的黄金和宝石。据估计，它相当于当时世界其他地方所有黄金和珍宝的总和。西班牙人一跃而成为世界首富。

但是，贪得无厌的西班牙人并不满足，他们想：此地这么多的黄金和宝石是从哪里来的呢？终于，他们听到了"黄金国"的传说。

一、"黄金国"的传说

据说，在南美西部的密林深处，隐藏着一个极其富有的黄金国度。那里的黄金取之不尽，用之不竭，由一个神秘的"镀金人"统治着。

每天早晨，"镀金人"迎着灿烂的朝霞，把细小的金屑如同脂粉一样，涂满全身；到了傍晚，他又映着瑰丽的夕阳，洗去这满身的金粒。金粒沉落在一个美丽的"圣湖"里，久而久之，这个圣湖当然就成了一个黄金之湖。

这个传说，使嗜财如命的探险者们垂涎三尺。

尽管这个传说带有明显夸张和幻想的色彩，但它并不是完全虚构的，它的原型是穆依斯克印第安人部落中的一种真实的宗教仪式。

穆依斯克人生活在南美西北部的昆迪纳马卡高原之上，崇山峻岭，海拔多在2000米左右。他们崇信许许多多的自然现象，特别敬奉太阳和水。他们常常把最珍贵的贡品，特别是金砂和金质器皿献给太阳神和水神。

他们最隆重的祭祀活动，是在推举了一个新的最高祭司之后举行的，这个最高祭司同时也是部落的首领，这个隆重的祭祀活动同时也是这位最高领袖的就职庆典。

这一天，祭司们把他们推举出来的最高首领簇拥到一个神秘而幽静的湖边，这里有一个装饰得玲珑精巧的木排，上面摆满了由黄金和绿宝石制成的贡品，四个部落首领穿着光彩夺目的节日盛装，在木排上恭候着他。

祭司们给这位新选出来的最高首领脱去全身的衣服，先在他的身上涂一层拌油的泥，然后从头到脚给他抹上黄金粉末。他屹立在木排上，金光闪闪，神采奕奕，映着初升的太阳，他就成了太阳神的化身。

人们簇拥着他，木排缓缓地离开湖岸，驶向湖心。在那里，这位新的最高领袖把准备好的珍贵贡品，一件一件投入水中，献给水神。

这个国家有许多这样的圣湖，为了方便朝圣者前往，通往圣湖的道路一定要修建得平平整整。在发生灾荒或者取得胜利之后，他们也要举行类似的祭祀活动。可以推想，这些"圣湖"中积聚的财富，数额一定可观。

在那样一个落后和封闭的环境里，这个仪式被夸张和扭曲是可想而知的。有人说，那个"镀金国王"每天傍晚前要到湖里洗去金粉和泥污；有人说，圣湖的水清澈见底，金砖和绿宝石历历可数；还有人说，那里的金银财宝堆积如山，献给水神的不过是其中的一部分。

利令智昏的人们对所有的传说都愿意相信。寻找"黄金国"或者"黄金之都"的迷梦，延续了好几个世纪，直到今日。

二、奥尔达斯的黄金探险

奥尔达斯是在西班牙听到"黄金国"传说的。这个传说激发了他发财致富的迷梦。

1531年，奥尔达斯率领一支船队越洋远征。他首先来到当时被称为"淡水海"的亚马孙河河口，上岸后就立即带领士兵到印第安人的村庄中去抢劫，搜索黄金。

突然，一块晶莹透明的绿色石块吸引了他的注意。

"这是什么？"奥尔达斯问。

"石块。"印第安人回答。

奥尔达斯喜出望外，原来，印第安人有眼不识泰山，把翡翠宝石当成了石块。

"哪里来的？"奥尔达斯恶狠狠地问。

这个印第安人吓得结结巴巴地说：

△ 马丘比丘古庙

"顺着这条河向上，要划好几天路程，就会看到一堵高大的石崖，在这堵石崖上，全是这样的绿色石块。"

奥尔达斯听了，喜得脸躁心热，立即带领船队，向亚马孙河上游划去。可是，天公不作美，一场急风暴雨把船队折腾得七零八落，有的船只倾覆，顺水而去，有的船只破碎，解体成木条和木板。

见此情景，奥尔达斯伤心极了，只好知难而退，放弃寻找绿宝石山崖的努力，转头向大海划去。

不久，他找到了另一个"淡水海"，那是从南美大陆西北群山中泻出的奥里诺科河河口。奥尔达斯逆水而上，大约航行了1000公里，一个巨大的瀑布阻止了他的前进，原来，这里是圭亚那高原和奥里诺科平原的衔接处，巨大的落差形成了瀑布。

有一条从西方而来的无名大河在这里注入了奥里诺科。印第安人说：这条河上游的崇山峻岭之中，有一个"镀金人"的国度。那便是他向往已久的目的地。

奥尔达斯听后高兴极了，把这条河命名为梅塔河，在西班牙语里，"梅塔"的意思就是"目的"。

但是，他沿着梅塔河向上航行仅100公里，就被迫退回了，因为他们带来的给养不足，士兵们大都身染疾病。

对于奥尔达斯来说，这次探险是令人痛心和失望的，他所发现的只是一块地域辽阔却杳无人烟的土地。但对地理发现来说，他的成果是巨大的：不只在南美北部大陆上发现了一个纵横交错的巨大水系，而且这些航道能够把人们引向南美大陆的腹地，直到"镀金人"的家乡。

大约10年之后，另一名著名探险家奥雷利亚纳在安第斯山高原上的纳波河与冈萨劳·皮萨罗分手，随波顺流而下，完成了亚马孙河的全程航行。

据一名随行的神职人员记载，他们还在亚马孙丛林里发现了一个"与男人毫无交往"的"女儿国"，国中女人骁勇异常，他们在这场同"女儿国"的战斗中损失了七八名战士。因此，他没有按照传统的命名法用自己的名字为这条新发现的巨大而宽阔的河流命名，而把它命名为"亚马孙"河。尔后，又引发出许多寻找"女儿国"的故事来。

三、考卡河的黄金之波

"黄金国"的传说是无处不在的，它牵动着每个欧洲探险者的神经。

早在1526年，西班牙人就在加勒比海南部沿岸站稳了脚跟。他们在马格达莱纳河口以东80公里的地方建立了一座要塞：圣玛尔塔。

开始，他们小心翼翼，只敢对邻近地区进行掠夺性的短促出击，后来"黄金国"的消息不断传来，诱使他们不断地向西南方向探索前进。1533年，埃雷迪亚率领一支不大的队伍在圣玛尔塔西南200公里的地方建立了城堡。他们继续向南推进，在150公里的地方才发现了西努河谷地。这里人口稠密，正是传说中的"黄金国"的主人——西部穆依斯克人聚居的地方。

他们疯狂地抢劫穆依斯克人的庙宇，因为庙里存有很多宝石和黄金制品。庙宇洗劫一空后，他们开始拷打印第安人，逼问黄金、宝石的下落。这些可怜的印第安人只能把手指向地下的坟墓。

开始，他们并不相信，在试着打开第一座坟墓时，大家惊呆了：坟墓里死者头上枕的、脚下蹬的、口里含的、身上穿的，都是黄金、宝石和各种豪华装饰品。于是，他们疯狂地挖掘古墓，把死者的尸骨扔出来，把黄金、宝石据为己有。

埃雷迪亚重新建造了一座要塞，坐镇指挥。在三年时间里，不断地派出士兵向东、南对印第安人进行袭击，直到把这个地方的古墓掘光盗尽为止。

埃雷迪亚手下，有一名祖籍葡萄牙的军官，名叫塞萨尔，他奉命带领几十名士兵，寻找"黄金国"。他们在一片沼泽地的密林中迷了路，兜去绕

△ 印加古国也被称为"黄金之国"

来，游荡了9个月。最后来到了一个分水岭的东麓，在他们眼前展现出一片辽阔的谷地，一条金光闪闪的大河穿过谷地向北流去。

他们本来就是一伙抢劫成性的强盗，塞萨尔带着部下，直接冲进村庄，目睹的景象真使他不敢相信自己的眼睛：村民们头上戴的、颈上圈的、手上箍的、耳上坠的，都是黄金！居室桌上摆的、壁上挂的、武器上镶的、衣物上缀的，也都是黄金！

他们仿佛进入了一个真正的黄金世界！

他们一面抢劫，一面对抓获的印第安人拷打讯问。原来，他们看到的那条金光闪闪的大河——考卡河，是一条盛产黄金的河流，流入考卡河的许许多多的溪流中，有含量很高的金沙。

他们野蛮的抢劫方式直接激怒了印第安人，许多村庄的印第安人联合起来，包围了这支人数不多的部队。最后，塞萨尔带着他的部下，带着一部分黄金，杀开一条血路，向北逃窜。

他们以每天20公里的速度，负重奔逃，终于逃脱了印第安人的追击；后来，一个个都成了大富翁。

南美洲的最重要的黄金产地就是这样被发现的。

在未来的四个世纪中，这个地区为世界提供了150万公斤的纯金！

四、黄金大分赃后

这时候，在昆迪纳马卡高原，在穆依斯克人居住的中心地区，同时出现了三支武装探险部队：一支是自东而来由费德曼带领的德国探险队；一支是自北而来由恺撒达带领的西班牙探险队；另一支是自南而来由彼拉尔卡萨尔带领的西班牙探险队。

三支部队的营房，都设置在波哥大平原上，形成三角：互相猜疑，互相提防，互相威胁。

最后，他们达成一项协议：费德曼同意接受一笔可观的赎金，然后放弃他在昆迪纳马卡高原令人怀疑的所谓"牧利"，彼拉尔卡萨尔与恺撒达，和平地划分了他们的新领地。

恺撒达在这个地区建立了一座城市，名叫"圣菲"，后来易名"波哥大"，是现在哥伦比亚的首都。

他们占据了盛产黄金的地区，但是，真正的"黄金国"却根本没有发现过。

几百年过去了，到亚马孙丛林中去寻找"黄金国"的，代不乏人。但出发的多，回来得少。他们的神秘失踪，又构成了谜团的新内容。

时至今日，仍然有人相信那些"圣湖"的存在。西班牙有个富商，叫做色布卢贝特，他以发掘黄金的2/5上交国库为代价，获得了发掘疏浚巴里马湖的许可。他带领大批印第安人凿通了湖，排了湖水，在湖泥中找到了一些卵石大小的宝石和黄金制造的工艺品。其价值到底多少，没有听到最后估计。

1912年，戈德拿泰兹公司不惜耗资15万美元，组织了工程队，利用新式机械汲干了哥亚达比湖，捞出了湖泥，清理出价值几百万美元的黄金、宝石和装饰品，其中有不少贵族们酬神的金俑。

1925年，一个名叫福赛特的大校军官，带着两名随员，用骡子驮着行走，向亚马孙丛林出发。他的出发曾经喧嚣一时，但始终没有他返回的消息。他大概遭到了他的先驱者们同样的命运。

寻找"黄金国"的故事，似乎永远不会结束。

"黄金之都"至今仍蒙着一层神秘的面纱……

埃及金字塔文明之谜

　　金字塔是古埃及文明的代表杰作，是埃及国家的象征，埃及人民的骄傲。金字塔的阿拉伯文意为"方锥体"，它是一种方底尖顶的石砌建筑物，是古代埃及埋葬国王和王后的陵墓。由于它规模宏大，从四面观看都呈等腰三角形，颇似汉字中的"金"字，因此形象地译为"金字塔"。

　　一、金字塔探密

　　迄今为止，埃及共发现金字塔97座，其中最著名的是开罗西部吉萨高地上的金字塔，尤其是胡夫大金字塔被古代希腊旅行家尊为世界七大奇迹之首。截至1889年巴黎埃菲尔铁塔落成前，人类历史漫长的岁月中，金字塔一直是地球上最高的建筑物。公元前5世纪，古希腊著名历史学家希罗多德在游历埃及时记下了传世的关于金字塔的最早见闻。相传，叱咤风云的希腊马其顿国王亚历山大大帝在征服埃及后，曾进入胡夫金字塔里独自冥想。不可一世的拿破仑在狮身人面像前留下了千古名言："士兵们，以往四千年历史在它后面瞠目注视着你们。"他号召将士们去为他开拓帝业，但他也蒙受了不实之词，至今仍被指控为"炮轰狮身人面像的鼻子"。

　　近代埃及的考古学是从1798年法国入侵埃及以后开始建立的。拿破仑的170多名随军学者对埃及的名胜古迹、风土人情、社会生活做了广泛的调查，收集了大量资料，整理出版了一本题为《埃及志》的图书版画集。同时，一位法国军官在拉希德河入海口发现了拉希德石碑，经过法国学者商伯良破译，古埃及象形文字之谜被解开，古埃及灿烂的文明几乎震惊了西方，许多欧美学者、冒险家、古董商纷纷接踵而来挖掘、盗卖、研究。毫无疑问，在许许多多的古迹中，最引人注目的是金字塔。一百多年来，西方出版的有关金字塔的专著、论文不计其数，新闻报道更是层出不穷，笼罩在金字塔上的迷雾已初步拨开，它的庐山真面目正在日益显现，但仍有不少的疑团没有解开。由于缺乏史料记载，有关金字塔的许多疑团很长时间以来一直难以解释，探索和研究金字塔还在继续向着广度和深度开发。关于金字塔的各种议论五花八门，其中既有科学的考证，大胆的推测，

△ 埃及金字塔

又有神奇的假设，想入非非的臆测，更有一些庸人、巫师提出种种扑朔迷离、荒诞不经的说法。

有人认为：在那遥远的年代，古埃及人怎么能达到如此高的科技水平，这些"超级知识"从何而来，为什么没有被继承下来？胡夫大金字塔不是古埃及人造的，而是外星人建造的。他们建造成后返回外星。比地球上文明更先进的"外星球文明"依靠金字塔一直同人类保持着联系。

还有人认为：胡夫金字塔是由失踪了的亚特兰蒂斯岛先民所建造。据说，这个岛屿位于大西洋直布罗陀海峡以西，在公元前一万年曾创造过辉煌的文明。后来在"悲惨的一昼夜"，该岛突然沉于海底。该岛的科学家们提前撤离，一部分人带着科技资料在埃及建立了科学中心，并参照该岛庙宇建造了胡夫金字塔，把他们的全部科学知识隐藏于塔的内部结构中。

还有人认为：居住在非洲阿特拉斯山中麓的柏伯尔部落建造了胡夫金字塔。据说，古代撒哈拉土地肥沃、物产丰富，居住着几个部落。后来土地逐渐沙漠化，部落东迁至尼罗河河谷。酋长成了埃及国王，他们动用部落的法术建造了金字塔。尔后，他们掐指一算，认为人类将蒙受一段黑暗的时期，于是各部落立即疏散到世界各地，其中有一支转移到阿特拉斯山。

更有人认为：金字塔的石头是人造的，是由石灰石和贝壳混合而成的，类似于现在的浇灌混凝土。

另外，有人认为：胡夫金字塔不是陵墓，而是外星人到地球上来的一个降落地点；是天神下界的停留站；是人类历史上第一座秘密庙宇，一个仓库，储藏着开天辟地以来直到世界末日的历史上的重要文献；是天文台，用以观察苍穹，了解星辰的运行，占卜未来；是多功能的计量器，可用于测绘丈量土地，可计算时间，确定一年有365.2422天。

还有人说，吉萨三座金字塔的下面有一座完整的地下城市，街道纵横，连通着地面上所有的金字塔，地下城门只有用一种特殊的声音才能将其唤开，一旦城门打开和发现胡夫殡宫，惊人之迹将展现在人们的面前。

二、金字塔建造之谜

埃及金字塔到底是谁建造的，如何建造的？千百年来这个问题一直困惑着全世界的人民。埃及境内大大小小的金字塔有百座之多，以金字塔中最大的一座，也就是第四王朝法老胡夫的金字塔为例，这座大金字塔原高146.59米，经过几千年来的风吹雨打，顶端已经剥蚀了将近10米。这座金字塔的底面呈正方形，每边长230多米，绕金字塔一周，差不多要走一公里的路程。

胡夫金字塔除了以其规模的巨大而令人惊叹以外，还以其高超的建筑技巧而闻名于世。塔身的石块之间，没有任何水泥之类的黏着物，而是一块石头叠在另一块石头上面的。每块石头都磨得很平，至今已历时数千年，人们也很难用一把锋利的刀刃插入石块之间的缝隙，所以能屹立历数千年而不倒，这不能不说是建筑史上的奇迹。另外，在大金字塔身的北侧离地面13米的高处有一个用4块巨型石砌成的三角形出入口。这个三角形用得很巧妙，因为如果不用三角形而用四边形，那么，一百多米高的金字塔本身的巨大压力将会把这个出入口压塌。而用三角形，就使那巨大的压力均匀地分散开了。

在4000多年前对力学原理有这样的理解和运用，能有如此的构造，确实是十分了不起的。胡夫死后不久，在离他的大金字塔不远的地方，又建起了一座金字塔。这是胡夫的儿子哈夫拉的金字塔。它比胡夫的金字塔低3米，但由于它的地面稍高，因此看起来似乎比胡夫的金字塔还要高一些。塔的附近建有一个雕着哈夫拉的头部而配着狮子身体的大雕像，即所谓狮身人面像。除狮身是用石块砌成之外，整个狮身人面像是在一块巨大的天然岩石上凿成的。它至今已有4500多年的历史。如此巨大的金字塔是成千上万块重达2000吨的巨石构成的。现代人无法想象，这些巨石到底是如何垒起来的。对于金字塔是如何建成的有千百种说法，其中最典型的说法有：

猜测一：百万奴隶劳作的结果

人称"西方史学之父"的希罗多德曾记载，建造胡夫金字塔的石头是从"阿拉伯山"（可能是西奈半岛）开采来的，修饰其表面的石灰石，是从河东的图拉开采运来。在那时开采石头并不容易，因为当时人们并没有炸药，也无钢钎。埃及人当时是用铜或青铜凿子在岩石上打眼，然后插进木楔，灌上水，当木楔被水泡胀时，岩石便被胀裂。这样的方法在今天看来也许很笨拙，但在4000多年前，却是很了不起的技术。这些巨石从采石场运往金字塔工地也极为困难。古代埃及人是将石头装在雪橇上，用人和牲畜拉，为此需要宽阔而平坦的道路。修建运输石料的路和金字塔的地下墓室就用了10年的时间。在建造胡夫金字塔时，胡夫强迫所有的埃及人为他做工，他们被分成10万人的大群来工作，每一大群人要劳动3个月。这些劳动者中有奴隶，但也有许多普通的农民和手工业者。古埃及奴隶是借助畜力和滚木，把巨石运到建筑地点的，他们又将场地四周天然的沙土堆成斜面，把巨石沿着斜面拉上金字塔。就这样，堆一层坡，砌一层石，逐渐加高金字塔。建造胡夫金字塔花了整整20年的时间。

猜测二：地外文明的杰作

由于建造金字塔之说尚有许多难以解释之处，所以，随着飞碟观察和研究活动越来越广泛，有人把神秘的金字塔同变幻莫测的飞碟上的外星人联系起来。他们认为，在几千年前，人类不可能有建造金字塔这样的能力，只有外星人才有。他们经过推算还发现，通过开罗近郊胡夫金字塔的经线把地球分成东、西两个半球，它们的陆地面积是相等的。这种"巧合"大概是外星人选择金字塔建造地点的用意。再加上有关金字塔真真假假的神力传说，所以这一说法也日渐盛行起来。

猜测三：失落文明部落的遗产

还有人说得更玄，把金字塔与神秘学联系起来，认为金字塔是地球前一次高度文明社会灭亡后的遗产，或者是诸如大西洲之类已经毁灭的人类文物的遗留物。对于这两种说法，埃及人深感内心受到伤害，因为这等于把埃及祖先的文明与智慧一股脑儿全都否定了。

猜测四：混凝土浇灌的结果

2000年，法国人约瑟·大卫·杜维斯提出了惊人的见解，声称金字塔上的巨石是人造的。大卫·杜维斯借助显微镜和化学分析的方法，认真研究了巨石的构造。他根据化验结果得出这样的结论：建造金字塔的石头是用石灰和贝壳经人工浇筑混凝而成的，其方法类似今天的浇灌混凝土。由于这种混合物凝固硬结得十分好，人们难以分辨出它和天然石头的差别。此外，大卫·杜维斯还提出一个颇具说服力的佐证：在石头中他发现了一缕约1英寸长的人发，唯一可能的解释是，工人在操作时不慎将这缕头发掉进了混凝土中，保存至今。

一些科学家认为，鉴于现代考古研究业已证实人类早在数千年前就知道如何浇筑混凝土，所以大卫·杜维斯的论断颇为可信。但更多的学者则对此提出了质疑，他们说：既然开罗附近有许多花岗岩山丘，那么，古埃及人为什么要舍此而去用一种复杂的操作方法来制造那难以数计的石头？

不过，越来越多的证据表明，金字塔确确实实是由古埃及人建造的，当时一定集中了古代埃及人的所有聪明才智，因为它需要解决的难题肯定是很多的。但是这些问题都解决了，金字塔修起来了，而且屹立了4000多年，这本身就是一大奇迹。所以可以说金字塔是古代埃及人民智慧的结晶，是古代埃及文明的象征。

三、金字塔用途之谜

关于金字塔的用途，人们也议论纷纷，莫衷一是。

金字塔看起来显然是埃及法老的陵墓，可是仍然有许多现象令人思考。一年中，在特定的某几天，当太阳照在著名的吉萨高地金字塔顶上的条纹大理石板上的时候，其反射到空中的亮光在月亮上都能清楚地看到。这难道是与外星进行通信联络的方式？

最新最奇的理论是——金字塔是发电厂。埃及著名的金字塔研究专家阿兰·F·阿尔福德在他刚刚出版的新书《新世纪的奇迹》中一一列出证明他新理论的证据：胡夫金字塔王后墓室的地板上竟然有被水长期浸蚀的痕迹，国王墓室四周被远古时期的强热烧焦了，离吉萨高地不远的国王谷和王后谷里有成堆成堆无法解释的高温作用后留下的白色"细沙"。那么，这究竟是怎么一回事呢？阿尔福德的注解是：当尼罗河水被引到金字塔边的时候，水最先淹进金字塔的地下室，这些水被抽进王后墓室里燃烧，从而释放出巨大的热能。那么，在这里建造如此巨大的"电厂"有什么用途？埃及的古谚语说过："金字塔是光明之顶。是巨大的眼睛。"这么说，金字塔是为了给遥远的宇宙航行指导方向的"雷达"？

"金字塔是星座图"是又一新说法。1998年，英国著名金字塔学家扎克里亚斯特钦在新著《通往天外之路》中写道："吉萨高原乃至整个尼罗河谷金字塔的排列与猎户星座的星球排列完全一致，所以金字塔肯定跟这个星座有关。整个尼罗河谷是一幅巨大的星象图！"

再者，还有另一种较为古典的说法，那就是约300年前，法国的德·夏鲁塞所提出的大金字塔日时之说。他注意到照射在大金字塔各斜面的太阳影子，会随季节的更迭而有微妙的变化，经过1年观察的结果，他终于查出在北侧的斜面上，分为可形成影子和不能形成影子的季节，其分界就在3月1日和10月14日。而这两日又正值是各种农作物的收种时期，因此，他才发表了大金字塔是用来通知耕种之历法的日时。

除了上述几种用途，还有许多说法，但都没有充足的证据，有待后来者的进一步考察。

木乃伊的制作之谜

　　古埃及人相信人的生命在死后还会继续，认为完整的尸体是灵魂在来世栖息的必要场所。因此，他们对死后保存尸体和对生前保持健康同等关切。制作木乃伊是古埃及特有的传统，也是古埃及文明留给后世的一份特殊的遗产。古埃及人制作木乃伊的技术，在长期的实践过程中逐渐积累和提高起来。古埃及人没有为后人留下有关木乃伊制作的方法的记载。研究古埃及文明的专家希罗多德和狄奥多勒斯曾在他们的著作中谈到他们听说的情况，他们的记述现在已为细致的研究和化学分析的结果所证实。

　　制作木乃伊，主要采用埃及某些地区特别是奈特龙洼地出产的氧化钠使尸体完全干燥。制作师先通过鼻腔吸出脑髓，注入药物洗清脑部。然后在腹部切一个口子，取出肺、胃、肠等器官，只体内留下心和肾。再用椰子酒和捣碎的香料冲刷体腔，填入树脂、浸过树脂的亚麻布和锯屑等物，照原样缝好。尸体需要全部埋入氧化钠中干燥。70天后，制作师取出尸体进行清洗，涂上油膏和香料，用大量的亚麻布包裹严密，外面涂上树脂。包扎时，从手指和脚趾开始，乃至四肢、全身；其间，要特别小心防止指甲脱落。腹部的切口处要盖上布，它象征荷拉斯"完好的眼睛"。这样包裹好的木乃伊，保持着脱水前的形状。有的木乃伊头上套有特别的面套罩，酷似死者生前的面貌。木乃伊的包扎技术在二十二王朝达到顶点。那时，尸体的内脏在处理后重新放入体内。从尸体里取出内脏，经过干燥处理后，也用亚麻布包裹，装入特殊的大口瓶子，储藏在墓中。在木乃伊的上面和绷带内，一般都放护身符和蜣螂雕像（或叫圣甲虫像）起保护作用。因此，木乃伊胸前都放一个蜣螂像，上刻有祈祷语，乞求心灵在阴间审判的天平上不要作不利死者的证明。取出体外的肺、肝、胃、肠则分别由荷拉斯的四个儿子保护。这些，都是与古埃及人的宗教信仰紧密相连的。

在清理木乃伊的头部时，埃及人用一种特制的带有倒钩的金属工具，从鼻腔伸入，使鼻腔裂开一个小孔，但又不会使整个头骨破裂。然后从鼻孔倒入棕榈酒，用一细长工具伸入脑中搅拌，脑髓会充分溶解于棕榈酒，然后把尸体翻转，棕榈酒和溶解后的脑髓从鼻孔流出，整个脑壳很干净。

制作木乃伊的全过程长达70天，且费用昂贵，除需要各种药品、香料、避邪物、护身符等，仅包一个尸体，有时就要用1000多米的优质亚麻布。因此，只有国王、王亲国戚、贵族富豪才花销得起，穷人只能从简，甚至草草了事。希罗多德谈到过另外两种比较便宜的木乃伊制作方法，虽很难保证尸体的完好无损，但多少可以给穷人以心灵上的安慰。而且，也许还是因为这些便宜的方法，制作木乃伊的传统才得以传播和延续。直到基督教在埃及占据主导地位的公元4世纪以后，制作木乃伊的习俗才被废止。古埃及专门有一批人以制作木乃伊为职业，他们掌握的技术代代相传。在古埃及，制作木乃伊、生产与此有关的必需品，无疑形成了相当重要、规模又颇大的行业系统。这一行业的存在，表明古埃及人已经完全掌握了物理、化学、医学等多方面的知识。他们用作干燥剂的氧化钠，经现代科学分析，乃是碳酸钠、碳酸氢钠、盐和硫化钠的混合物，可见这些物质的化学作用当时已为人知。

古埃及人制作木乃伊的习俗，给了他们了解人体构造的机会。这对古埃及的医学，特别是生理学和解剖学的发展，具有重要的影响。这种习俗，加上有利的气候条件，使数以百计的尸体保存了数千年，而且还可以准确地推测出他们的年代。今天，专家们已经可以通过木乃伊窥见当时人们的身体情况和疾病流行的情形。古埃及的木乃伊制作中，剖开死者躯体的情景，在当时社会上司空见惯。从而使托勒密时期的医生和解剖学家能够顺利地进行第一次系统的人体解剖。而当时，在希腊和其他地区，解剖尸体都是宗教观念和公众舆论所绝对不能容忍的。

揭秘神秘的帝王谷

在埃及远离底比斯的地方，有一个荒凉山谷——帝王谷，那里酷热、干燥，几乎没有生命存在，但是对考古学家们却有着极具的诱惑力。因为有28个曾经有着无上权力的法老安眠在那深深凿进岩石中的墓穴中，与他们一起埋葬的还有财富和神秘。这个山谷一直用来安放法老的遗骨，是法老们的再生之地。

神秘的帝王谷由何而来，它为历史留下的是死亡还是人类生存过的痕迹？

埃及国王托特米斯一世（公元前1545年—公元前1515年）给埃及带来了巨大的变化，它标志着帝王谷的建筑活动时期的开始。托特米斯一世是埃及王朝统治时期的有着决定性影响的人物。埃及的文化发展演变为文明的发展，从而打破了许多旧时的传统，这个演变也自托特米斯一世始，当然，这一点还有待最后的证明，而想要证明这一点单靠考古学是不够的。

古埃及新时期的首都在底比斯，但新时期大多数法老都埋葬在尼罗河西岸沙漠中的帝王谷。迄今为止，那儿已有60多个陵墓被发掘出来，只有一小部分对游客开放。其中最负盛名的是图坦卡蒙之墓，在1923年开放时曾引起轰动。在那儿发现了最为惊人的文物——一口纯金棺、金色王冠和面罩、珠宝、雕像、双轨战车、武器、饰物、绘图—数量之多以致花了3年时间才把墓穴清理完毕。这个公元前1352年去世时只有18岁的年轻法老，依然躺在墓中的大理石棺里，但是几乎所有的珍宝都在开罗的埃及博物馆里。

没人知道在盗墓者未涉足前，地位更高的统治者墓穴里究竟有些什么惊人的财富。今日这些墓穴里的壁画特别能引起人们的兴趣，它包括"死者之书"上描绘的死后生活的情景，以及动物头像的多个神灵。拉美西斯三世的陵墓内有古埃及日常生活的愉快场面。

不管怎样，托特米斯把自己的陵墓同殡葬礼堂分开，这在埃及国王中还是没有先例的。他的墓地距离礼堂约1.6公里，而且按照遗命，他的遗体没有安放在豪华而醒目的金字塔中，而是藏在峭壁上凿出的洞室里。这在现代人们听来也许无足轻重，但在当时作出这样的决定，实际上就是同延续了1700年的传统宣告决裂。

托特米斯这种大胆的措施对他的"卡"极为不利，甚至也给自己死后的永生带来威胁。原来"卡"要靠在死者的殡葬礼堂里，按照宗教节日举行祭祀才能生存，并且据说"卡"是不离开遗体左右的，而托特米斯的遗体和以往的国王不同，不是安放在紧靠礼堂的地方。其原因是，托特米斯看到先人的陵寝大都不免遭受盗墓人的侵害，因此希望自己的遗体能得到安全的保障，借以弥补上述的遗憾。托特米斯给总建筑师依南尼下达的一切指令，都是出于担心自己的陵寝遭到后世的亵渎。

尽管当时埃及的宗教势力已经日趋没落并逐渐为世俗观念所代替（第二十一朝的国王本人就是教士，在这以前教士的势力一直在埃及日渐增长），但托特米斯在思想上最为关心的仍旧是他死后的木乃伊会不会遭到破坏。到第十八朝末为止，底比斯一带的帝王陵墓没有一座免于被盗；木乃伊身上的"神铠"不是完全剥光，就是部分损失，使得这些遗骨遭到了万劫不复的玷辱。

可盗墓人照例是从来未曾被人抓到过，作案中途发现情况，丢下赃物仓皇逃遁者是有的。托特米斯在位之前500年，有人潜入泽尔王妻子的墓室，正在肢解王后的木乃伊时被人惊走，仓促中把一条干尸的手臂藏在墓室的一个洞里。这支手臂在1900年被一位英国考古学家发现时，仍旧包裹得完整无损，上面还戴着一只贵重的紫水晶和绿松石的臂镯。

托特米斯的总建筑师名叫依南尼，国王和他讨论的内容是完全可以想见的。在最后决定打破传统时，托特米斯一定考虑到了陵墓的地点和结构的绝对保密问题，否则无法保证免遭以往帝王陵寝的同样命运。

具体施工的记载得以保存下来，倒是要感谢建筑师依南尼的虚荣心了。

因为依南尼本人的殡葬礼堂的墙壁上的镌文详述了他的生平，其中有一段叙述了这第一座岩洞陵墓的构筑经过，其中有几句是值得注意的：

"国王陛下的岩洞陵寝是我一个人监修的，谁都没有见过，谁都没有听说过。"

然而现代考古学家霍华德·卡特却对依南尼使用的工人数目有所估计。卡特是对帝王谷和那里的陵墓结构极有研究的，他写道："知道国王的这件头等机密的工人有一百名以上，这些人显然是不可能逍遥自在的。依南尼肯定会想出有效的办法封住他们的口。"据估计，这些工人大多是战俘，工程结束以后他们就被统统杀掉了。

托特米斯打破传统的做法有没有达到目的呢？

他的墓是帝王谷中许多岩穴墓葬中最早的一座。帝王谷位于底比斯山西麓峭壁下，地点偏僻，常人禁止入内。在那石灰岩壁上开凿一条坡度很陡的隧道作为墓穴，从此以后的500年间，法老的建筑师们都是沿用这种方式构筑岩穴陵墓的。后来希腊人看到那通往墓室的长长的隧道，觉得很像牧童吹的长笛，就把这种岩穴陵墓叫做"笛穴"。公元前1世纪的希腊旅行家斯特拉波记述过40座岩穴陵墓，被认为是值得一读的。

从托特米斯一世开始，埃及法老们便不再修造金字塔作为自己的陵墓，在长约500年的时间里，古埃及各代法老都葬于帝王谷。

托特米斯的遗体在那里平安地躲了多久不得而知，但可以确定，在悠久的埃及历史中这段时间并不很长。他和他的女儿以及另外几个人的木乃伊终于被人迁了出来，这件事并不是盗墓人干的，而是教士们预防盗墓的措施。国王们选定的墓穴位置是彼此靠近的，不像过去那样分散，这是为了便于集中守护，然而盗墓的事仍旧不断发生。

图坦卡蒙死后10—15年陵墓就被盗了。托特米斯四世死去刚刚几年，窃贼们就在他的墓室的墙上画了他们的黑画，像是来访者留下了名片。这座墓遭受的损失极为惨重，因此100年后，虔信宗教的国王霍仑亥布于在位8年时下令给名叫克伊的一名官员，叫他"在底比斯西部高贵的墓园，遵礼重新安葬托特米斯四世"。

阿兹特克文明衰落之谜

　　阿兹特克文化是中美洲古老印第安文明的一部分，能找到比较确切史料记载的历史开始于12世纪中叶。根据神谕，阿兹特克人如果看到一只鹰站在仙人掌上啄食一条蛇，那就是他们应该定居的地方。为了寻找这样的地方，他们在墨西哥的平原和高地上辗转徘徊了长达两个世纪之久。

　　在13世纪早期，阿兹特克人到达了墨西哥盆地，当时的墨西哥盆地中有宽阔的湖区，水草丰美，土地肥沃，这里已经滋养了另一个古老的文明——托尔特克文明。终于，在1325年，他们在特斯科科湖的一个小岛上发现了鹰啄蛇的景象，他们决定在那里定居下来。阿兹特克人洗劫了托尔特克人的都城，控制了墨西哥盆地。

　　阿兹特克人毫无顾忌地运用先礼后兵的外交手段，很快为自己的民族赢得了既精明又残酷的名声。据说阿兹特克人曾经在邀请邻国的一个国王时，要求把公主引荐给他们，表示想在宴会上"向她表示敬意"。于是国王先把自己的女儿送了过去，接着他本人也来到了这一盛会。等公主要在宴会上出现的时候，国王却惊恐地看见一名阿兹特克武士跳着舞进来了，身上披着刚刚从公主身上剥下来的皮。

　　阿兹特克人使用武力恫吓和外交诡诈相结合的手段使国家的地位迅速崛起，孟泰祖马二世（1502—1520）时期，是阿兹特克文化极为强盛的时期，但同时也是这个民族走向灭亡的开始。

　　1519年，恰逢他们崇拜的羽蛇神昆兹奥考特52年一次的回归年。是年4月，首批西班牙征服者赫尔南多·科尔斯特和他的一小支部队抵达了墨西哥海岸。当阿兹特克人看到白皮肤、大胡子、穿铁甲的怪物从羽蛇神当年消失的东方出现，骑着从未见过的骏马，伸手抛出一团火光时，他们便将科尔斯特当做传说中的神大加礼拜。

诡计多端的科尔斯特成功地利用了阿兹特克人对自己的崇拜，对阿兹特克人发起了进攻。最后，特诺奇蒂特兰城被一举攻陷了，孟泰祖马二世本人也被抓进监狱，然后被杀死。

科尔斯特下令将特诺奇蒂特兰城夷为平地，在这个过程中，几乎所有的阿兹特克艺术作品、雕像甚至建筑都被弄得支离破碎，书籍和画卷被付之一炬。中美洲文化最出色的作品，就这样在疯狂的焚书与毁灭异教神的叫嚣声中化为灰烬。庞大的阿兹特克帝国从历史舞台上消失了，这标志着伟大的中美洲文明的终结。

一、社会政治经济状况

1437年，阿兹特克人和特斯科科人、特拉科班人结成强大的部落联盟，统治者是著名的孟泰祖马一世，有的史书上称其为"孟泰祖马大帝"，其时社会发展水平介于原始社会和早期奴隶社会之间的过渡阶段。部落联盟之内实行民主制，各个部落都可以自行处理内部一切有关地方行政方面的问题，但在对外攻防的问题上，3个部落却是一个整体。对于被征服部落，阿兹特克人强迫他们每年缴纳很高的贡赋。阿兹特克社会中的奴隶数量不多，主要是战俘和债务奴隶，他们被用在农业劳动和建筑业方面。一般来说只有祭司和贵族才占有奴隶。

阿兹特克人的农业、手工业和商业都十分发达。他们在特斯科科湖的岛屿上定居下来以后，逐渐占据了周围大部分地区。随着人口的增长，岛屿变得非常拥挤，阿兹特克人发明了著名的"浮园耕作法"，来扩大耕地面积。首先要在用芦苇编成的芦筏上堆积泥土，使其浮在水面上，然后在新造的土地上种植作物和果树，利用树根来巩固人造的浮动园地。每次播种之前，他们都要挖些新的泥土，铺在浮动园地上，因此，园地会随着一次次耕种而不断增高。然后，农民们再挖去表层的泥土，用于建造新的"浮动园地"，于是一个新的循环开始了。直到今天，某些地区仍使用这种耕作方法。

勤劳的阿兹特克人同其他美洲印第安人一样，发展了富有特色的美洲农业。狗是他们唯一的家畜，家禽主要是火鸡。

二、伟大的羽蛇神

在阿兹特克人崇拜的众神中，掌管整个中美洲文明的伟大的神——蛇神昆兹奥考特有着非凡的影响力。据说昆兹奥考特是一个宗教领袖，他领导的宗教强调光明和学识，强调在人类与自然之间创造一种和谐与平衡。阿兹特克人认为，昆兹奥考特在他们祖先的艺术与文化发展方面给予了很大的帮助。据说昆兹奥考特学识极为丰富，他曾指挥建造了朝向四个方向的宫殿，极为华丽壮观。他教人们学习宗教、农业和法律知识，还传授数学、文字、音乐、诗歌和工艺美术，尤其向人们传授如何雕琢名贵金属与石头的技巧。

在阿兹特克人的传说中，昆兹奥考特的最初形象并不是很清晰，人们只知道他有灰白的皮肤，并蓄着胡子，活跃在他们的祖先中间，所以他是一个具有人性的神灵。也有人把他描绘成一个高大的教士，领导着一个宗教派别，统治着一个阿兹特克人中心城市以外的小帝国，并与阿兹特克人来往密切。总之，在阿兹特克人的传说中，昆兹奥考特代表着光明的力量，帮助阿兹特克人与邪恶势力作斗争。

人祭是阿兹特克文化中最典型的宗教文化特征之一，牺牲者、祭祀者和全体阿兹特克人对这种方式都有一种近乎疯狂的痴迷。据说在这个问题上昆兹奥考特持不同态度，因此他和周围的许多神陷入了争斗。在与黑暗力量之神泰兹哈特利波卡和阿兹特克人的太阳神维兹拉波奇特利的斗争中，昆兹奥考特落败了，不得不率领他的追随者退出阿兹特克人城邦。传说他掩埋了他的金银财宝，乘着由蛇做成的筏子，"漂洋过海，驶向东方"。据一些文字记载，他发誓要再回来，但是那必须是在人祭这种宗教行为终止之后。也有其他一些记载说他会在古代历法中"芦苇年"时回来。

现在看来，昆兹奥考特很可能是一个白人，由于种种难以确定的原因流落到中美地区，他信仰的应该是另一种宗教。他对当地血腥的人祭仪式极为不满，力图说服当地人放弃这种祭祀方式。但是对于阿兹特克人来说，活人祭祀已经作为一种信仰融入到本土文化的血液中，牺牲者们都是怀着一种虔诚的心理和神圣的使命感走向祭坛的，所以势单力薄的昆兹奥考特试图以文明的方式改变千百年来形成的传统文化，其结果必然可想而知。只有若干个世纪以后，强大的外来文化以血与火的方式摧毁古老的传统，割断民族文化的血脉，才能真正建立起所谓的"文明"。但不幸的是，当留着长胡须的西班牙人，"骑在鹿背上"（阿兹特克人没有驯化过马，将马错认为鹿）从东方抵达墨西哥海岸，阿兹特克人竟然把他们当成了神话里所说的"伟大的神昆兹奥考特"，以为是他重返故土来，要求收回本应属于他们的正当权力，这个错误对于整个阿兹特克帝国都是致命的。

三、宗教祭祀

1.视牺牲为生命意义的人

阿兹特克人的宗教信仰和祭祀活动最能体现阿兹特克人的文化特色。阿兹特克人对时间存在一种特殊的看法，他们认为混沌未开之时，诸神在火前聚集，其中一神舍身向火扑去，变成了太阳，由此开始了人类的纪元。在这个纪元以前先后存在过4个太阳，也就是4个纪元，世界也曾毁灭过4次。为了保证太阳天天从东方升起，阿兹特克人几乎每天都要进行献祭——向神献出人体中最宝贵的东西——血和人类的心脏，阿兹特克语称其为"雄鹰仙人掌"。这就是阿兹特克人人祭的由来。

作为祭祀的牺牲有两个来源：一是战俘；二是阿兹特克本邦人，多为男性。在阿兹特克文化中，战死和作为祭品而死都是高贵的死，都可以升入天堂，所以一旦有谁被选为牺牲，对于个人和家庭来说都是一种荣耀。祭司们根据占星术，确定哪一天哪个时辰出生的孩子适合献祭，所以作为祭品的牺牲者，从一出生就被决定了命运。这个孩子被选中之后，就要离开父母，被送到另一家抚养，直到献祭的那一天。对于这样的男孩来说，他生存的真正和全部的意义就是死在神殿里。

男孩长到青春期就应该准备献祭了。在献祭之前的几个月时间里，这个男孩会有4个年轻漂亮的新娘，还会有人教他吹奏阿兹特克乐曲。献祭的日子到来之时，他将穿上色彩艳丽的袍子，脚踝周围系着铃铛，脖子上戴满鲜花。当他走向祭祀的金字塔时，人们会聚集于广场上向他欢呼。从攀登金字塔的第一个台阶开始，他就会吹起美妙的音乐，一边吹奏一边攀登，在离塔顶很近的台阶上停下来，把泥制的乐器砸碎。在他到达顶部之后，有人会献上一杯名叫多萝阿齐的饮品，这是阿兹特克人特制的一种饮料，可以用来止痛和镇静。这时祭司们聚集起来，准备祭祀仪式的开始。

据史料记载，祭司们用盛大的仪式将牺牲者引上金字塔之后，把他放在祭祀石上。祭祀石的表面微微凸起，青年仰面躺在祭祀石上，有4个人抓住他的胳膊和腿使其完全伸展开来，喝下的饮料能够帮助这个青年人松弛下来，使他顺应祭祀石的弯曲形状，将自己的胸膛裸露在祭司们面前，摆出一个最容易进刀的姿势。

然后祭司执刀上场，通常祭司用的是燧石刀（或者是黑曜岩刀）。这些祭司很熟悉人体的内部结构，能够准确地找到心脏的位置，执刀人以熟练的手法将刀插入左侧乳头下方的肋骨间，横断切开，然后把手伸进去，迅速掏出一颗还跳动着的心脏来。双手将它举向天空，献给太阳神维兹拉波奇特利。鲜血——阿兹特克人叫"圣水"——从尸体中流出来。接着，心脏被放进一个鹰形的盘子里，点火焚烧。阿兹特克人相信在做这件事的时候，一只鹰的精灵会从天空中飞下来，用爪子抓住那颗心脏的灵魂，然后把它从地球上带回到天空，送给太阳吃。他们相信，祭品的灵魂会永远跟太阳神在一起。

牺牲者的尸体被扔下金字塔肢解，头颅则被穿在尖桩上，置于摆放头骨的架子上。尸体的其他部分被分割成几块，作为仪式里的人肉餐分给贵族们，贵族们把牺牲的尸体当成是象征性的柯约莎克的肉，分而食之。

2.从屈辱的战俘到尊严的牺牲

阿兹特克祭祀品的另一个来源是战俘，这也是主要的来源。阿兹特克文化中形成了一种战争和人祭的恶性循环：为防止灾难的降临，需用人来献祭，而献祭用的人只有通过战争才能得到；只有用人献祭才能取得战争的胜利，但反过来只有通过战争才能得到献祭用的人。为了不断给太阳神奉献活人祭品，他们还建立了一整套军事制度。在阿兹特克文化中，两个相互推动的元素—战争与人祭—互相依存，从而使帝国处于不断的扩张之中。阿兹特克人对周围国家发动了一系列名为"花之战"的仪式化战争。领导这些战争的人都有特殊的装束：有的披着美洲豹皮，称"美洲豹骑士"，有的戴着鹰头型的头盔，称"雄鹰武士"，还有其他一些人仅仅在下颌上戴着死人的下颌骨。他们进行的似乎是一场宗教战争，阿兹特克武士们在战场上很少杀死敌人，抓敌人的主要目的是把他们留作人祭时用。

奇怪的是，敌方一旦被俘，他们的身份就发生了变化，从战败者一跃而成为派往众神之处的使者。当一名武士抓住一个俘虏时，他总是要宣布："这是我深爱的儿子。"而俘虏本人也会按照仪式回答："这是我尊敬的父亲。"对于阿兹特克人和他们的许多邻国人来说，能成为祭品献给神是莫大的荣幸，牺牲者本人也因此增添了神圣的尊严，几乎能和神灵相提并论。所以战争之后，就不再存在征服者和战俘的区别，而是共同分享神的赐福与保佑。

没有人能够确切地说出阿兹特克人在祭祀中到底用了多少活人作祭品。据史料记载，为了纪念特诺奇蒂特兰土神庙落成典礼，在短短4天内他们就杀死了8万左右名人牲。这次准备献祭的都是战俘，他们从庙前广场排成长蛇阵，朝着中央祭台逶迤而来。主持祭礼的是国王和祭司，这是他们荣誉的圣职。他们亲自动手剖开人牲的胸膛，趁其半死不活时掏出跳动的心脏，又将其一推，尸体滚下台阶，五脏六腑满地都是，风一吹场上都是血腥膻味。

祭祀中，人牲的心脏被挖出来高高地置于空中，而这些人的头颅通常被割下，用桩子串好，一排排平行地悬挂于头骨架子上。这样的架子至今还保存于博物馆里。西班牙人到来之时，曾不厌其烦地计算着头骨数目，估计出至少有10万个。后来又有了更为精确的统计，得出的数字是136000个，而且指出这些头骨都处于不同阶段的分解与腐烂之中。在西班牙人的宣传中，阿兹特克是个人祭盛行、骷髅如山、尸骨遍野的野蛮恐怖之地。

然而，有一位名叫玛斯诺·泰勒卡莱托的当代"阿兹特克术士"对摆放的头骨作出了不同的解释。他声称有关古代阿兹特克人祭的故事都被大大地夸张了，那是西班牙征服者为了给自己在中美洲进行的近乎种族灭绝的行为找借口，不得不把当地人们刻画成野蛮残酷的形象，以此凸显他们帮助阿兹特克人摆脱落后的功绩。他声称，那些摆放头骨的架子实际上是古代阿兹特克人每年例行活动中的一部分，而摆放的头骨却是来自那些自然死亡的人们。他认为这些架子是当做一个有点类似算盘的东西，用来记载年代的流逝。

不论事情的真相到底如何，但有一点是肯定的，古代阿兹特克人对待人祭的看法与我们今天对于它的态度是截然不同的。

3.宏伟的金字塔

阿兹特克人的金字塔表现了阿兹特克人极高的建筑艺术水平以及他们具有的深厚的天文地理知识。在距离墨西哥城不远的多提哈罕城遗址上，耸立着这些庞然大物，它们昭示着阿兹特克人灿烂辉煌的古代文化。这座城市就是阿兹特克人心目中"太阳诞生的地方"、"知晓神之路的地方"或者"天与地交接的地方"。

多提哈罕城被一些不高的山脉环绕着，遗址占地约有21平方千米，建筑规模相当大，城的中心处坐落着庞大的金字塔群。阿兹特克人很敬畏这座城市，把那些大金字塔分别命名为"太阳金字塔"、"月亮金字塔"以及"昆兹奥考特金字塔"，并称城市中心的大街为"死亡大道"。

俯瞰多提哈罕城，巍然壮观的金字塔群和规划整齐的城市遗址展现在眼前：南面是死亡大道，笔直的道路两旁筑有石头路堤，还耸立着一些小金字塔，在眼前延伸开去，最后消失于烟雾迷蒙的远方。

整个城市正南正北布局，在那条宽敞的死亡大道东面，高耸着巨大的太阳金字塔。这座金字塔是市中心的神殿，它与埃及的锥形金字塔略有不同，呈四方形，向顶部逐层收缩。原塔底边长90米，高55米，以巨石砌成。顶部平台是拜祭太阳神、雨神、战神的场所。这座金字塔里面包了11座小金字塔。据说每次战争胜利后都要在旧塔外面包新塔，愈建愈大，以志战功。现在出土的只是最早的第一座塔。

沿着死亡大道再往下看去就会发现昆兹奥考特金字塔。它现在不足30米高，人们认为它保存下来的部分是一座尚未竣工的金字塔，因为它虽然相对来说较矮，但周围环绕它的地基甚至要比附近的太阳金字塔面积还要大。

阿兹特克人建造的这些金字塔与埃及人的金字塔有惊人的相似之处，不论是它们的面积、布局，还是它们彼此的相对位置，两地金字塔都有类似的方面。昆兹奥考特金字塔与太阳金字塔非常精确地处于一条直线上，同时这条线正好与死亡大道平行，而较小一点的月亮金字塔则处于这条大道尽头稍微偏左一点的地方。巧合的是，阿兹特克人金字塔群的这种布局几乎完全遵照吉萨金字塔的模式。如果分别按比例画出这两处金字塔的平面图，然后把埃及金字塔的平面图放在阿兹特克金字塔的平面图上，我们会发现每座金字塔的面积以及顶点几乎完全重合。

多提哈罕城金字塔还有一处与埃及金字塔相似的地方，根据英国学者马顿和托马斯的研究表明，两地金字塔的高度与它底基的周长之间都包含着数学常数 π。在多提哈罕城，两者之间的比例关系是 π 的两倍，而在埃及却是 π 的4倍。这表明阿兹特克人已经知道如何通过用 π 这个因子来乘以半径或直径算出圆或者球体的圆周长。这就说明早在欧洲人之前至少1000年的时候，阿兹特克人不仅已经知道地球是圆的，而且还能够确切地计算出它的尺度，从而用来进行精确的科学计算。

当然，阿兹特克金字塔与埃及金字塔也有一些区别：一是阿兹特克金字塔稍矮一些；二是从飞机上看下去，埃及金字塔偏离中心轴线45°，而阿兹特克金字塔却与中心轴线成直角；三是在多提哈罕城，死亡大道正好与金字塔连线的中轴线完全平行，而在埃及却没有与这条大道相当的标记。

另外阿兹特克人建造的这些金字塔有着浓厚的天文学意义。首先，根据英国学者马顿和托马斯的研究统计表明，整个多提哈罕城的布局像一个巨大的钟面，其中心就是太阳金字塔。阿兹特克人命名太阳金字塔的原因正是因为它处在一个重要的位置上。

其次，太阳金字塔具有天文钟的象征意义。它东边的那个侧面是经过精心设计的，四季的日影变化蕴涵了极为科学的天文理念。太阳金字塔东侧面只在春分和秋分这两天才能最充分地接受太阳的光芒。而且在这两天里，天空西移的太阳还会沿着西侧斜面的最低处渐次消失，并且形成笔直阴影，缓缓移动，这条阴影直到正中午的时候才消失。这整个过程，从完全阴影到完全光明，总是正好需要66.6秒，其精妙之处让人叫绝。用这种方法，阿兹特克人就可以精确地算出春分、秋分日正午的到来时间。

金字塔群另一天文学意义是它们的布局与太阳系的比例模型相似。如果把昆兹奥考特金字塔的所在认为是代表太阳的位置，那么沿着死亡大道延伸开去直到远方的建筑，实际上就该表示每颗行星的轨道与太阳之间的精确距离。例如，太阳金字塔表示土星所处的位置与太阳之间的距离，而月亮金字塔则表明天王星与太阳之间的距离。这表明在当时阿兹特克人不仅已经知道许多我们最近才发现的行星，而且还能够很准确地算出它们与太阳的距离。

在太阳金字塔内还发现两块完好无损的巨大云母岩，每块有27平方米大。这些云母岩被置于此处约在1000多年以前，而这一品种云母岩的产地距此地最近也有5000多千米远。这一发现令人百思不得其解：为什么他们把这些材料从很远处运来以后，却置于人们根本看不见的地方呢？在太阳金字塔内发现的许多物品也引起人们的极大兴趣。首先是一些神奇的水晶制品，水晶圆柱体、水晶嘴塞、水晶耳饰，最有趣的则是一排由13个小水晶珠子组成的项链。还有一具置放于最里层的玄武岩棺材，位于一尊雕像下面。这尊雕像是谁的化身，棺内又是何人，这些问题像阿兹特克人一样神秘难解。

更为神奇的是，考古学家偶然在太阳金字塔正中下方发现一个神秘的天然洞穴。而且在通向秘密洞穴的入口处把守着一尊有着两维面孔的巨大石刻头骨雕像。头骨上有似乎是鼻子的小孔，还有一张咧开的大嘴，从嘴里伸出染成红色的舌头，看起来既恐怖又庄严。头骨周围则雕刻着一个很深的圆，似乎代表太阳的光芒，也被染成了红色。人们猜测这可能是一尊太阳神的雕像。走过石刻头骨雕像就会呈现出一条2米高、90米长的隧道。隧道一直通向几乎是隐藏于金字塔下方的神秘天然洞穴里。这个神秘的天然洞穴很宽敞，状似有4片叶子的三叶草。洞穴里4个大隔间，每一个周长都约有18米。洞里有复杂的用岩石凿刻出的管道，可能是排水系统。那么，这个神秘洞穴到底是被用来做什么的呢？有人说这可能是一处极为神圣的祭拜场所。有的学者则认为可能是一个秘密宗教信徒们的至圣处或集会处。还有的学者认为这个洞穴是圣中之圣，即世界诞生的地方。显然，没人能知道它的真实用处，但有一点却是肯定的：它就像阿兹特克人的金字塔一样，凝聚了智慧和力量，表明了当时的艺术高度和文明程度。

千人大浴场之谜

古罗马对洗澡有着特殊的嗜好，在很早以前，古罗马人就建了许多极其考究的大型浴场，将沐浴温泉作为养生与享受的一种方式。

这种浴场在共和国后期开始出现，最初可能是从城市或神庙附近公用的某种温泉浴池转化而来，只有一两个较大的热水浴池；由于要经得住水汽侵蚀，因此一开始便采用砖石结构，以圆形为主，屋顶也多用穹隆圆顶。

到了帝国初期，浴场规模发展得庞大而复杂，大型皇室浴场增设图书馆、演讲厅和商店等，还有很大的交易厅和运动场所。建筑一般用砖石、水泥和拱顶等，中央大厅宽敞明亮，罗马建筑追求空间效果和华美装饰的特色与多样化的用途，配合得可谓完美无缺。

公元2世纪初，叙利亚建筑师阿波罗多洛斯设计的图拉真浴场确定了皇家浴场的基本形式：主体建筑物为长方形，完全对称，从轴线上是热水厅、温水厅和冷水厅；两侧各有入口、更衣室、按摩室、涂橄榄油和擦肥皂室、蒸汗室等；各厅室按健身、沐浴的一定顺序排列；锅炉间、储藏室和奴隶用房在地下。浴场地下和墙体内、拱顶内设有管道，通热水汽和烟以取暖。

以后各代修建的卡拉卡拉浴场、戴克里先浴场和君士坦丁浴场，均大体仿此建造。这几个浴场的主体建筑都很宏大：卡拉卡拉浴场长216米，宽122米，可容纳1000多人；戴克里先浴场长240米，宽148米，最多可容3000人。它们的温水厅面积最大，用三个十字拱覆盖，是古罗马结构技术成就的代表作之一。在各种类型拱券覆盖下的厅堂，形成室内空间的序列，它们的大小、高低、形状、明暗、开合都富有变化，对以后欧洲古典主义建筑有很大影响。

浴场的主体建筑物后面是体育场，其余三面是花园，再外面其四周都有建筑物，整个浴场占地面积很大。戴克里先浴场面积达11公顷之多。公元4世纪时，罗马城共有大型浴场11个，中小型浴室800多个。当年，千人浴场大开放时的景象热闹而诱人，大浴场是罗马贵族和自由民交际和政治活动场。在那里，经常有乐队在演奏乐曲，间或还有诗人和戏剧家在朗诵自己的作品。

古罗马的史书中曾记载了当时浴场的繁盛景象：

"当人们来沐浴时，总是先到冷水厅的中央浴室里，用硬木或象牙制作的刮垢器刮掉身上的污垢，而后跃入池中舒展筋骨，接着到蒸汗室中蒸到全身冒汗，再下到热水池中浸泡。热水池中有引来的温泉水，为保持水的温度，在引水管下面还生着火炉。在这里，人们不管熟识与否，都彼此大声谈笑；穿梭不息的小贩叫卖食品和饮料。也有贵族和富商来这里洗浴，由随身的奴隶帮他们脱衣、刮垢、搓背，洗完后又忙着给按摩和抹香水，满室味道刺鼻……"

但随着社会世风日下，浴场里也出现腐化堕落的现象：

"刚出现浴场时，只准男性进入，到了帝制时代开始准许女性使用，但必须分隔开来。在昏君尼禄时代，竟然准许男女混浴，一些妓女也时常混进来，浴场里一片乌烟瘴气。丑事百出、声名狼藉的男女混浴实行了五六十年，到哈德良皇帝时才明令制止……虽然罗马帝国灭亡原因很多，但骄奢淫逸、道德沦丧亦是一个重要因素。"

帝国灭亡后，皇家办的大浴场多数遭到破坏。只有君士坦丁、戴克里先等少数浴场幸存下来。16世纪，戴克里先浴场高大的温水厅，被改为天主教堂，保存至今。虽说这个大浴场如今已面目全非，然而人们来此驻足仍不难想象出它昔日的壮丽和兴旺。